ヨガを伝える

ケン・ハラクマ
KEN HARAKUMA

すべての人に
よりよく
生きる知恵を
届ける

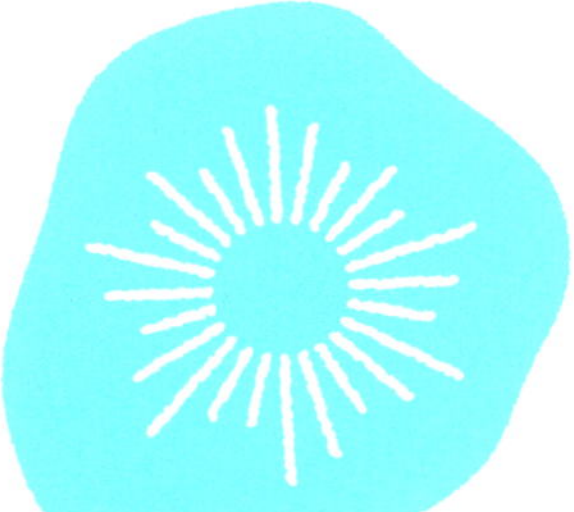

春秋社

はじめに

この本を手にとってくださったあなたは、どんな人でしょう？　ベテランヨガインストラクター？　それともインストラクターを目指す人でしょうか？　あるいは、「教えるなんて考えたこともない。楽しいからやっているだけ」というヨガファン？

本書は、ヨガを伝えたいと思う人や、レッスンに通うヨギーやヨギーニに向けて書いてはいますが、「ヨガってなんだろう？」という疑問を一度でも持ったことのあるすべての人に楽しんでもらえることを目指しています。できることなら、マットの上に立ったこともないような、ヨガの「ヨ」の字も知らないという人にも届けられたらいいな、という気持ちで本書をしたためました。

何かに真剣に取り組んでいる人はみな「ヨガをすでに行っている人」です。仕事でも、ボランティア活動でも、子育てでも、あるいは忙しい日々のなかで熱心に趣味を続けようとすることも、何かに向かって試行錯誤しようとする人はみな、自分なりの実践の知恵を持っています。その意味で、多くの人たちはすでに人生において「ヨガ」をしています。マットの上に立っていてもいなくても、すでにヨガをする人の一人なのです。

あなたは、どんな自分らしいヨガをやっていますか？　この本は、よりよく生きようとする人の日々の成長にも役立つ一冊です。

私は、二〇年以上にわたって、「現代ヨガ」と呼ばれる領域で、たくさんの生徒さんを指導してきました。教えれば教えるほどわかってきたのは、「ヨガとはこれだ！」という方程式がなく、上達度をはかるモノサシもないという事実です。「これだけ練習すれば、かならず体が柔らかくなる。幸せになれる」という基準値があると思ってしまうと、こぼれおちるものがあまりにも多いのです。

ヨガには、教える側と教わる側をくっきり線引きできない要素が、たくさんあります。ですから、読みながら、「インストラクターに語りかけているのか、生徒に伝えようとしているのか、よくわからなくなる」と思ったら、あなたは実に本質的なところをついています。

私は、インストラクターと生徒さんは、ヨガという同じ山を登る仲間だと考えています。そして頂上へ至るルートは人の数だけあると思います。難しいアサナ（ポーズ）を軽々こなせるインストラクターは素敵ですが、体の硬い人は「体が硬い」ことに関する専門家。思うようにならない体と会話して、どうやって無理なく体を伸ばすかの経験値は、後者のほうが勝っているかもしれません。できていてもできなくても、こうありたいという方向を目指すその過程に、その人らしいヨガのあり方があります。

あなたがヨガに関心を持っているのは、ダイエットしたいから？　ストレスから解放されたいから？　それとも新しい人生を歩みたいから？

そのすべてが正解だと私には思えます。人それぞれにゴールがあるということがヨガ。つまりヨガは生き方なのです。ですから、アサナとの向き合い方と、日々の生活、そして未来のあなたは同じ地平でつながります。ヨガがないと幸せになれない生活はヨガ的ではありません。活き活きと生活するために日々やっていることが見方を変えたらまぎれもなくヨガだったという発想こそが、理に適《かな》っているのではないでしょうか。

前著『ヨガライフ――体と心が目覚める生き方』（春秋社）は、ヨガのエッセンスを暮らしのなかに見つけてほしいと思って書きました。本書も同じ視点で貫かれていますが、さらに「えっ、こんなこともヨガ？」「これも、ヨガの考え方とつながるんだ！」と思ってもらえるような具体例を満載し、工夫を凝らしました。レッスンに活かせるテクニックも紹介してありますが、それだけでなく、体と意識、人間関係、自身をとりまく環境に関する考え方をもふんだんに盛りこんだ点が、読みどころです。

この本が出発点となって、あなたが自分自身のヨガを育ててくださったら、これほど嬉しいことはありません。つらいときも楽しいときも、本書があなたの相棒となりますように。

ヨガを伝える　目次

CHAPTER 3 ストレスとのつきあい方

CHAPTER 4 思うようにいかない体とどうつきあうか

CHAPTER 5 自分のなかの男性性・女性性を意識する

CHAPTER 6
『ヨーガ・スートラ』を実践してみる

CHAPTER 7
意識を味方につける

CHAPTER 8 ヨガの未来

ヨガを伝える——すべての人によりよく生きる知恵を届ける

CHAPTER 1

あるとき人生にヨガがやってきた

ヨガとの出会い

まずはじめに、私にとってヨガとはどういうものだったのかについて、お伝えすることにしましょう。

私はヨガの指導者として活動していますが、昔はまったく違う人生を送っていました。貿易関係の仕事をしており、ビジネスマンとして多忙な日々を送っていたのです。商品が納期に間に合わず相手先で頭を下げたり、売上げの推移にやきもきするような毎日。年間三〇回くらい海外を飛び回る生活を続け、疲労のあまり主張先で病院通いをしたこともありました。

そんなストレスまみれだったころ、たまたま来日していたアメリカ人の女性ヨガインストラクター、ナンシー・ステッカートに、ヨガの個人レッスンをうけました。私が三〇代のときでした。

人生初のヨガは、強烈な体験でした。今でも忘れられません。とにかくつらくてつらくてたまらなかった。力まかせにぐいぐいと前屈したり、足を曲げたり伸ばしたりしたために、あちこちが痛くなってしまい、二度とやるもんか！　と思ったことを今でも覚えています。

ところが、レッスンの最後、シャバアサナ（仰向けで休む屍のポーズ）をしたら、すっかり眠ってしまった。まったく意識がなくなっていたと思います。そのあと目が覚めたときの爽快感といったら！　スポーツやサウナでは体験したことのない、自分が大きな空間のただなかにいるような壮快感でした。

もうひとつ衝撃を受けたのは、ナンシーの冷静沈着ぶりでした。クラスで指導しているときに、彼女の子供が膝に乗ったり髪の毛をひっぱっているのですが、まったく動じないで静かに座っているのです。心を静かに保つとはこういうことなのか、と思いました。

IYCの歩み

最初のレッスンから間もなく、日本にまだなかったアクティブなヨガスタジオをつくることにしました。それがIYC（インターナショナルヨガセンター）です。そして、仕事の合間に練習を重ねる日々が続きました。そのうちどんどんヨガを追求したいという気持ちが高まってきました。

IYCが誕生した一九九四年は、ヨガの新しい潮流が生まれた時期にあたります。アメリカでヨガブームが巻き起こったのは、一九八〇年代半ばのこと。マドンナやスーパーモデルたちがヨガに親しんでいることがメディアで注目され、自然派志向のライフスタイルの広がりとともに、一気にファンが増えていきました。宗教的な意味合いからは距離を置いた「現代ヨガ」が、人気を博すようになったのです。

ところが、当時、日本で現代ヨガを教えてくれるところはありませんでした。ないならつくるしかありません。最初は自分が教わりたいという動機で、たまたま知り合ったそのアメリカ人のインストラクターにレッスンの場所を提供したわけです。

今でこそ、スタジオやスポーツクラブなどで多様なヨガのレッスンを受けることができますが、そのころはまず考えられないことでした。流派を守り、一人の師のもとで極めるのが当たり前だった時代に、ＩＹＣは船出したのです。

ＩＹＣをスタートした翌年、サリン事件が起きました。そして、ヨガは危ないというイメージが広がってしまい、たくさんのヨガ道場がクローズしていきました。

幸いなことに、そのころのＩＹＣは、欧米で人気があったヨガを、アメリカ人インストラクターが英語で教え、生徒さんは外国人が九割という変わり種でしたので、事件の影響は受けませんでした。

現代ヨガが日本でもようやく注目されはじめ、ヨガマットを抱えて街を歩く女性を見かけるようになるのは、そのあとのことです。

私自身も、ＩＹＣで教えるようになり、そのほかにも、企業からストレス管理のためのレッスンをしてほしいと頼まれたり、スポーツクラブではじめてヨガイベントを行ったり、徐々に活動の場が広がっていきました。

パタビジョイス師が教えてくれたこと

さて、ヨガを最初に私に教えてくれたナンシーがアメリカに帰ってしまったあと、「アシュタンガヨガ」に出会いました。私が出会ったアシュタンガヨガは、呼吸、決まった視点（ドリスティ）とともに、ダイナミックに動くヴィンヤサ系ヨガの一つです。

アシュタンガヴィンヤサヨガを世界的に有名にしたのは、インドのパタビジョイス（一九一五〜二〇〇九）という人です。パタビジョイスは、一二歳のときに師のクリシュナマチャリアに学び、以来ヨガに人生を捧げた指導者で、一九四八年に彼がインド南部のマイソールにつくった「アシュタンガヨガ・リサーチ・インスティテュート」は、今や欧米や日本からたくさんの生徒が学びにくる総本山になっています。私は一〇年間ほど毎年ここに通い、アシュタンガヨガを学びました。

パタビジョイス師にお会いしたときは、「初めまして」という感じではありませんでした。じつは、私はマイソールに行く前から、師とは「会って」いたのです。以前サンフランシスコで、師が生徒をガイドしているビデオを入手しており、それが私の練習を支えてくれる唯一の先生でした。日本にアシュタンガヴィンヤサヨガを教える人がいなかったので、毎日テレビ画面で師の顔を見ながら、練習していたのです。

さて、いよいよ本場でアシュタンガヨガを実践する機会に恵まれたわけですが、日

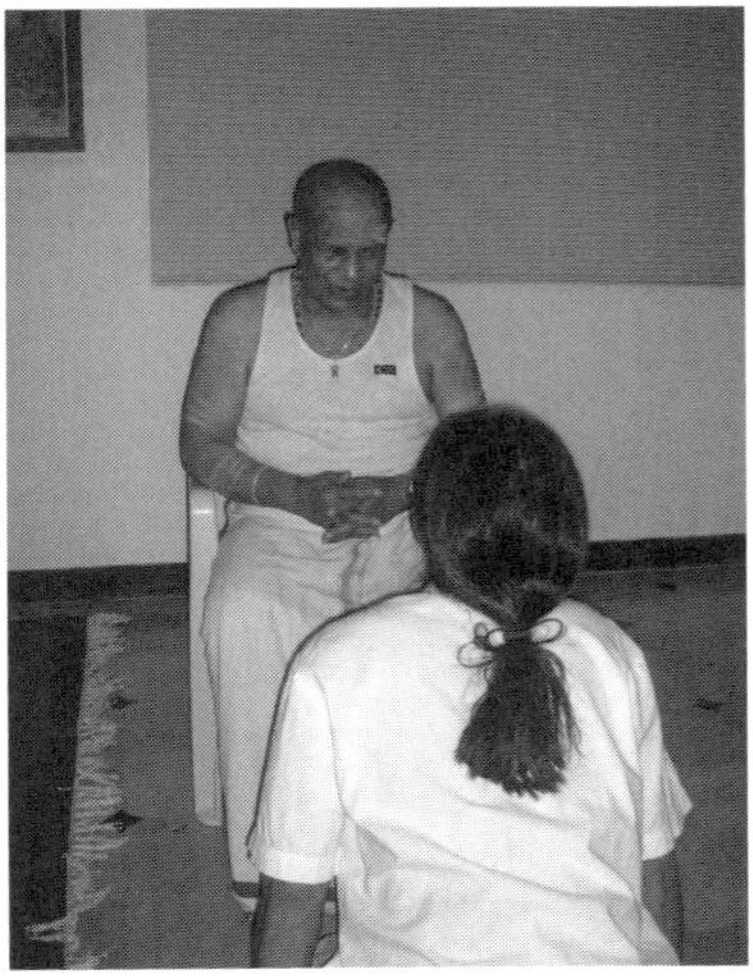

上：マイソールでのインターミディエイト（中級）クラス。決まって一番前の左端にマットを敷いて練習していた
左：パタビジョイス師から直接アドバイスを受ける、ヨガの宝物がぎっしり詰まった時間

本からはるばる行っても、師が積極的に何かを教えてくれるという感じではありませんでした。生徒が黙々と練習するのを、部屋の後ろで椅子に座ってじっと眺めていることが多く、こまかい指導がほとんどありませんでした。

それでも経験できることが山ほどありました。その環境にいることこそが、今思えば、かけがえのないヨガの実践だったのです。ですから学ぶことはたくさんあり、自分自身にとって「帰る場所」でもありました。

たとえばこんなことがありました。当時、インドでは停電が多く、練習中に電灯がぷつりと消えることが日常茶飯事でした。そんなときはろうそくを持ってきて、練習を続けます。小さな部屋のなかで一二名ほどの外国人生徒が練習しているのですが、みんなの吐息で炎がゆれて、バランスポーズがとりにくかったこと！　マイソールでは、決まったプログラムをみんなでいっせいに学ぶということはありません。ろうそくのぼんやりした光を前に、マットの上の限られた空間のなかでそれぞれが自身の体と意識に向き合い、自分のなかに広がる宇宙を味わっています。その雰囲気を含めて、あの場の練習風景が、私にとってヨガの原点となっています。

ちなみに、現在、アシュタンガヨガの教室のなかには、「マイソールクラス」という名のレッスンをもうけているところがあります。これは、カウントやガイドなしで、生徒さんが自分のペースで動くクラスで、「アシュタンガヨガ・リサーチ・インスティテュート」の伝統的な練習方法を引き継いだものです。電気もとだえがちな小さな部屋で私たちが感じていたもの、体得したものが、今、世界中に広がっていっていると思うと、感慨深いものがあります。


そのころのマイソールでは、ほぼ毎日、夕方に生徒がパタビジョイス師を囲む時間がありました。師と生徒のやりとりをみなで聞いて、思考を深めるというとても貴重なひとときでした。

師はポツリポツリと言葉少なに返事をするだけで、説明的には語りません。外国人生徒との間に言葉の壁はありましたが、それがなかったとしても、きっと師の態度は同じだったでしょう。

パタビジョイス師は、一対一の関係を基本としていました。クラスでは、生徒一人ひとりに違うことを言います。ある生徒には「このアサナを五回やりなさい」と言い、ある生徒さんには、「次のアサナにいきなさい」と指示するのです。

アサナを完璧にこなすことがゴールではなく、その人にとってアサナと向き合うことがどういう意味を持つかが重要だということなのでしょう。

マイソールに通っていた日々を今も時々思い出します。すでに八〇歳を過ぎていましたが、欧米から来た生徒にプレゼントされたのでしょう、カルバン・クラインのトランクスをはいて、練習を見守っていました。おしゃれなトランクス姿の師が生徒とシンプルな英語でコミュニケーションする姿が、今も鮮やかによみがえります。

いつか答えがやってくる

昔のグルは、弟子にほとんど何も教えなかったそうです。でも、ふとつぶやいたひと言が弟子の気づきを促し、行くべき道を照らす光となることがあり、それが修行の内実でした。お金と時間、労力をかければかけただけ対価が得られると信じている現代人には、なかなか理解しにくいことでしょう。

私たちは「努力すればしただけ、願いはかなう」とどこかで信じています。これはひとつの真実です。夢をかなえたいと強く願い、力をそそぐほど、実現する確率は高くなるからです。

しかし、努力しても得られないこともまたあります。運命や死から逃れられないように、人間の力の及ばない領域もあるのです。

でも真実はもうひとつあります。「願いは、思いもよらなかったかたちでかなうことがある」ということです。

私は、マイソールでこれを手に入れたような気がしています。あるとき練習を頑張りすぎて、体のあちこちが痛くなりました。どうしてこんなにも痛みが出るのか？と師に質問したら、返ってきた答えは、「やっていればわかる」。

師はよけいなことは語りません。こちらがわかるまで説明してくれることはありませんが、真理に近づくヒントをそっと差し出すのがパタビジョイスでした。そんな師のもとにいて、私はおのずと、必要なタイミングで答えが「やってくる」のを待つという態度を身につけたように思います。あのとき欲しい答えは手に入りませんでしたが、今ではヨガの本質のようなものを受け取ることができたと感じます。

師のスローガンは、「プラクティス、プラクティス、プラクティス。ワンデイ・カミング」。実践を重ねれば、いつか答えがわかるということです。

ただし、いつ「その日」が来るのか、何がわかるのかは、その瞬間を迎えるまでわかりません。

パタビジョイス師は、ほとんど何も教えてくれませんでしたが、その意味するところを教えてくれました。師匠のつぶやいたひと言が、あとになって自分の体験と響き合う瞬間に何度もめぐりあいました。「そうか、答えはこれだったのか」と、時間が経ってからふいにわかるのです。日ごろからマインドをシンプルにして、よけいな心の荷物を下ろし、自分の内面に耳を傾けていると、本当に必要なことが目の前にやってきます。

IYCを運営しながら師のもとに通っていた一〇年間は、吸収したことを人に伝えていく普及活動の時期だったように思います。師から指導を受けた経験が、私のインストラクターとしてのあり方、レッスンでの教え方のベースとなりました。

師にアジャストしてもらったのは、通った一〇年のうちで、三つか四つのアサナだけでした。でも、あのとき自分の体で感じたことが今、生徒さんをアジャストしているときによみがえります。生徒さんの体に手を触れるとき、自分が練習したときどういう意識だったかが、ありありと呼び起こされるのです。

大げさかもしれませんが、自分の肉体と時空を超えてヨガをしているような感覚になります。ヨガを伝える人生とはこういうものなのか、と静かな喜びをかみしめています。

CHAPTER 2

ヨガを伝えるとはどういうことか

型の意味

多くの人がいろいろな目的でヨガに親しんでいます。伝える側は、エクササイズとして教えるのか、思想を含めて伝えるべきか、自分の実体験を入れ込むか否か、といった選択をつねに迫られるでしょう。

いずれにしても、伝える側がヨガというものの型を知っていることで、いろいろな使い分けができるのではないでしょうか。そして、型はありますが、そのなかでの味付けはいくつもあるということも、忘れてはいけません。

では、ヨガの型とはなんでしょうか？

アシュタンガヨガのレッスンを例にあげましょう。アシュタンガのクラスでは、ビギナーであれ上級者であれ、みな太陽礼拝から始めます。太陽礼拝はその名のごとく、太陽に生かされていることに感謝の気持ちをもっておこなう一連のアサナです。息を吸いながらひとつの動き、吐きながら次の動き、というように呼吸にあわせて決まった順序でおこなう全身運動で、血流がよくなるだけでなく、意識が磨かれる効果があります。

太陽礼拝は簡単なようでいて、じつは奥がとても深いシークェンスです。来る日も来る日も同じことを繰り返しているうちに、アサナの一つひとつが深まっていき、その日の心身のコンディション、感じ方の変化がわかるようになっていきます。

今日生きていることに感謝しながら太陽礼拝をやるのか。雑念にとらわれてかたちだけこなすのか。動きは同じでも、得るものがまったく違ってくるでしょう。

言ってみれば、型があるからこそ、変化がわかると言えます。型に対するアプローチが人の数、実践する回数だけある。変わらない部分と、変わる部分の両方をあじわうことができる。それがヨガの面白いところです。

継承すること、新しい道をひらくこと

ヨガには、「パランパラ」という言葉があります。昔は、伝承するにふさわしい弟子に、口伝で極意を伝えてきました。パランパラは、長い時間をかけて知識を学ぶしくみですが、面白いのは、信頼を引きうけた弟子が人生をかけてそれを引き継いでも、細かい違いやいろいろな変化が起きるという、矛盾した現実があるということです。何千年も続いている一貫した伝統のように見えて、その過程で変わってきたものが、今私たちの目の前にあるヨガなのです。

型を活用することで生まれる物事、可能性には決まりがありません。「決まってい

ない」というのもまた、ヨガの型だと私には思えます。

もともとヨガは、神様に近づくための男性の心身鍛練でした。それが今や、女性も子どもも親しめるものになり、ここ一〇年で多彩なスタイルのヨガを楽しむことができるようになりました。

私は、流派にはこだわりません。IYCを巣立ったインストラクターにも、「どんどん別の指導者に習って、最も自分に合ったものを吸収しなさい」と言っています。現代は情報社会。いっそ存分にネットや交友関係を駆使して情報を手に入れ、そのなかから必要なものを選択すればよいと思うのです。

IYCでも、さまざまな種類のクラスがあります。言ってみれば「ヨガのデパート」。その時々の私の興味をとり入れ、異分野の専門家とのコラボレーションでワークショップやイベントを開催しています。

二〇〇四年に様々なインストラクターが一堂に会してレッスンをする「ヨガフェス

タ」を立ち上げたのも、ふだんの生活のなかにどうヨガを位置づけるか、その人らしいヨガとは何だろう？　という発想が根底にあったからです。流派もレベルも問わず、誰もが参加できるヨガイベントの先駆けとなり、今や五万人が集まるイベントに成長しました。

また最近は、体力的にたくさん動けない人にもヨガを楽しんでもらおうと、太陽礼

上：国際ヨガの日にGlobal Indian International schoolにて
下：2017年8月、東京渋谷区で開催されたYOGA JAPAN主催のイベントにて。渋谷エリアでは最大級のヨガイベントになった

拝のコンセプトを生かした「ラジヨガ体操」を発案しました。これはラジオ体操の感覚でヨガをやるという発想で、運動が苦手という方や高齢者にも楽しんでもらえています。

伝え方や組み合わせ方によって、もっと可能性が広がると思うと、ますます楽しくなります。自分が知っていることを伝え、受けとる人を間近に見て、そこから生まれるものを適合させる。これが私の役割だと思っています。

現代の生活のなかで何ができるか

「正解はこれしかない」と考えていくと、どんどん狭い世界にとらわれ、ヨガの本質から離れていきます。

北インドに行くと、寺院がたくさん街中にあり、食堂にはガネーシャの絵が壁にかかっていて、いかにもヨガの聖地！　という感じがします。ヒンズー教とともに暮らす人にとっては、宗教的生活の一部としてヨガの存在があります。

でも、宗教的な背景のない外国人が、自国の都市生活のなかで同じことをしようとしても、どれだけ続くでしょうか？

ガネーシャの絵に毎朝手を合わせ、ストイックなヨガの修行を重ねるような生活を

海外での指導も多い。旅先のホテル内フィットネスジムでワークアウト。ヨガの練習に加え、体のメンテナンスにマシーンを使うことも。2017年6月上海にて

やり通すのは、現実問題としてなかなか難しいものがあります。むしろ、毎朝満員電車で通勤し、週に三回残業するような日常のなかで、どうヨガを深めるかが大切ではないでしょうか。

私たちは、私たちのヨガとは何か？　を考える必要があると感じます。

知識やライセンスよりも大切なこと

インストラクターが一〇〇人いれば、一〇〇通りのヨガがあると言えます。脇目も振らず厳しい練習をしてきた人は、一生懸命にやったことで得られた成果を、生徒さんに直球で伝えようとするかもしれません。あるいは、健康的な食生活や、生理学的機能の知識をふくめて、ヨガを多角的に考えてみたいという人もいるでしょう。

どれが正しくて、どれが間違っていることはありません。結局、そのときの自分が持てるものを伝えるしかないのです。

インストラクターのなかには、知識をたくさん持っていないと不安だという人がいます。解剖学、心理学、インド哲学、栄養学、リラックス方法……。知っていることが多ければ多いほど、生徒さんのニーズに合わせたレッスンができるという意味では、なるほど有効でしょう。

しかし、知識があるからといって、ヨガが深まるわけではありません。私自身は、たくさんの種類のヨガを体験するのではなく、ひとつのものに気が済むまで取り組むタイプです。自宅でヨガのビデオを見ながら、あるいはマイソールで自分自身に向き合いながらマイペースで練習してきたので、大切なことはひとつかふたつあれば充分だということを私個人は感じます。

何を得ても、何を体験しても、無駄なことはありません。でも、たくさん知識を得ることより、そのなかからどれを自分に反映するかを選びとるほうが重要ではないでしょうか。マットから離れている時間にも、どれだけヨガ的に生活できるか。ヨガをとおして何を発見したのか。あなた自身が反映されたレッスンができるかどうか。どう教えるかという味付けは、あなた自身の血の通った体験から生まれます。

ところで、「ヨガ指導者のライセンスは必須ですか?」と質問されることがあります。たしかに知名度のある認定資格を持っていると、スポーツクラブのインストラクターのオーディションのときに多少は有利に働くことはあるかもしれませんね。でも、レッスンの場を持った後は、現場経験のほうが断然に役立つ世界です。

じつは、ヨガ発祥の地インドでも、「これがオーセンティックなヨガだ」という統一見解はありません。ここまでクリアしなければ指導者にはなれないという絶対的な基準がなく、それぞれのアシュラムが自前の方針で教えているという実情があります。

専門知識を持つ指導者を養成する政府公認のヨガ大学もインドにはありますが、ここでもたずさわる教授陣の方式を取り入れて教えていて、大学によって内容が違います。

こういう実態を見てみると、知識を取り入れる以上に必要なことが、ヨガの本質にはあるように思えます。

あなた自身がレッスンに反映される

あなたらしい教え方とはどういうものでしょう？　どんなインストラクターでありたいですか？

難しいアサナを軽々とこなせるようになりたいという人は多いでしょう。でも、練習で四苦八苦した体の硬いインストラクターの経験が、生徒さんを勇気づけることがあります。「この人はこうやって乗り切ったんだ」という気づきが、背中を押すのです。

ヨガのレッスンには、インストラクター自身がそのまま反映されます。長い付き合いの生徒さんに言わせれば、昔の私は「厳しい先生」だったそうです。自分がアサナに重点を置いていたときは、レッスン内容もアサナに重きが置かれていました。「できるまでがんばってごらん」と、はっぱをかけることもあったかもしれません。

ヨガを指導し始めて最初の一〇年は、私はとてもストイックな生活をしていました。朝二時半に起床して、五時まで練習。六時からクラスがスタートです。生活自体も修行僧そのもの。よけいなものは部屋に置かず、テレビも見ません。ほとんど外出しないので、世のなかの出来事を知るのは、レッスン代を事務所に届けるために電車に乗るときだけでした。週刊誌のつり革広告を見て、「今こんなことが起きているのか」と知るような暮らしだったのです。

食事も徹底していました。主食はアボカドで、バナナやイチジク、キュウリやトマトにナッツを食べていました。地方に行くときも滞在先のホテルにアボカドを送っておくほどのこだわりようでした。サプリメントだけ摂取していた時期もあります。雑誌の取材で「毎日食べているものを教えてください」と言われたとき、お皿にカラフルなサプリメントをのせたこともあります。

食がシンプルになるほど意識は覚醒します。そういう状態でアサナの練習をすると、世界が驚くほど鮮やかに感じられます。体がどんどん軽くなっていき、本当に空を飛べそうな気すらしました。ヨガの修行僧はこんな感じだったのかな、と思いました。

とはいえ、何にせよこだわり続けると、行動範囲が狭くなります。ほかに何もやらなくていいやという気持ちになってしまうのです。その危険性に気がついてから、考え方を変えました。

その後いろいろな生徒さんと接する機会が増え、日々抱えている問題について相談を受けたり、さまざまな人生観にふれたりするようになって、自分の意識が開かれていきました。

レッスンで国内外を飛び回るようになり、生活スタイルも変わりました。毎朝ちがうところで目を覚ますような移動生活で、極端なときは、自宅には着替えを取りに帰るだけという日々です。場所も活動も時間も不規則なのに、おなじものを決まった時間に食べるのは無理。今は行く先々で出会う人たちと一緒に何でも食べて、いろいろ体験することを楽しんでいます。意識の向かう方向が変わってから、クラスでの教え方も変わりました。今は、生徒さんのできている部分、できてない部分をまるごと視野にいれてレッスンをしています。

生活や意識の変化が、クラスのありように影響しています。ヨガを伝えることと、どうやって日々生活するかということは、パラレルなのですね。

生徒さんとは一期一会

時々、「生徒さんが来なくなってしまった」と肩を落とすインストラクターがいます。選択肢がたくさんある時代、そういうことはままあります。しかも、教える側は生徒さんを選べませんが、生徒さんはインストラクターを選べるのです。

生徒さんが通いつづけてくれるはずというのは思いこみです。「いろいろ経験してみた結果、やっぱりこれがぴったり！」といって、あなたの元に戻ってくることもあるかもしれませんが、そうでないこともあるでしょう。

「忙しくなりそうなので、レッスンをお休みします」と生徒さんに言われたら、「私、何か不愉快にさせることをしたかしら」と不安になる人が多いようですね。でも、このとき、相手は時間に余裕がないという事実を伝えたかっただけかもしれません。あるいは、単純に今は気分が乗らないというメッセージかもしれません。

忘れがちなことですが、人間はヨガ以外にいろいろなことをしながら一日を過ごしています。その事情を受け入れ、来てくれたときには心地よくなるためのサポートをすることが、インストラクターの仕事ではないでしょうか。ストレス社会においては、その場その場で心地よく生きのびる方法を見出さなければなりません。いろいろな選択肢のなかのひとつにあなたのヨガがある、と考えるのが実情に即しています。ですから、一期一会をともに楽しむのが理想だと私は思います。

さて、「来てくれたときには」と先程書きましたが、これは重要なキーワードです。

ヨガの素晴らしさを実感している人ほど、つい周囲にヨガをすすめたくなるもの。心身が疲れている人を見て「そういうときこそ、やるべきなのに」と思うこともしばしばあるでしょう。でも、本人にその気がなくて忸怩《じくじ》たる思いをしたことがありませんか？

その悔しさはよくわかります。けれど、現実は得てしてそういうもの。そのとき必要とするものが何かということは、本人にしか結局のところわかりません。相手が本当に楽になりたいのかどうかも、周りには知りようがないのです。

たとえヨガが正解であったとしても、本人が主体的にやってみようと思わなければ、はじまりません。その人がヨガという選択肢にたどり着くまでは、インストラクターの出番はありません。

ですから、まだ見ぬ生徒さんにではなく、目の前にあらわれた人にどれだけあなたのヨガを伝えることができるかに、より意識を向けてください。生徒さんと接して感じたことが、あなたの実践に生き、レッスンの奥行きにもなるでしょう。

関わりの手段として

スポーツジム、ヨガスタジオ……。競争相手の多い業界で生き残っていくことは簡単ではありません。インストラクターに求められるものも所属先によって違うことでしょう。

それでも、大切なのは、目の前にいる生徒さんとのやりとりを通して、あなたのヨガを深めていくことです。

生徒さんが来るか来ないかは、インストラクターがコントロールできることではありません。たくさん来て欲しいから、お金を儲けたいから、一生懸命やるというのでは本末転倒ですし、しんどくなって長くは続かないでしょう。

　インストラクターは、生徒数で答えを出そうとせず、ヨガと自身との関係、ヨガとその生徒さんとの関係を見て、今のあり方がベストだろうか？　と考えてみましょう。たとえば、生徒さんが別のインストラクターに学び、そこで喜びを味わうことができていたら、それもまた素晴らしいことではないですか？

　インストラクターと生徒に師弟関係はありません。伝える側と、受けとる側の関わり合いの手段としてヨガがあると考えてみたら、風通しがよくなっていろいろなことがスムーズにすすんでいくでしょう。

　私は、レッスンのときはいつも、「LIFEGUARD」という文字がプリントされたタンクトップを着ます。溺れた人を救うのがライフガードですが、ヨガもまた人生をガードしてくれるものです。また、ヨガを伝えること自体が誰かにとっての助けにもなるでしょう。そんなヨガの恩恵をかみしめながら、レッスンをしています（ちなみに、指導者養成クラスの受講生には、「LIFEGUARD」とプリントされたTシャツを「ヨガライフウェルカム証」として手渡すようにしています）。

いくつかのポイント

生徒さんの目的や心地よさの基準はそれぞれなので、正解はありません。それでも、経験的に言えることはいくつかあります。この章の最後に、インストラクターにとって有益ないくつかのアドバイスをお伝えしたいと思います。

①決めておく部分は八割に

私はプログラムを考えるとき、ある程度こうしようと決めておきますが、決めない部分も残しておいて、状況に応じて使い分けています。たとえば、「楽に体をツイストする」というように具体的なテーマがあるクラスでは、レッスンの八割をツイスト系のアサナの練習にあてます。そしてその大枠は守りつつ、具体的にどんなガイドをするかは、状況次第で判断します。たとえば、クラスを見渡してみて、疲れている感じの人が多いと思ったときは、体を動かす前に、緊張をほぐすような話をしたり、呼吸法でリラックスしてもらうと効果的です。

たとえば、初心者クラスに、ベテランが二割ほどまじっている場合は、初心者にウエイトを置きつつ、「できる人はその先に行ってみましょう」とベテラン向けにガイドします。原則は初心者プログラムと決めて、あとは個々の状況に応じて練習していくのりしろをつくっておきます。

② フォームではなく、生徒さんの感覚を指針に

ひとつのアサナには、体のさまざまな部分が関わっています。たとえば、膝を伸ばしながら頭を下げるアサナを例にとるなら、足の裏、脚、お腹、胸、首、腰……といった、複数のポイントが重要になります。でも、それを全部伝えようとすると、生徒さんは混乱しますので、あなたがその日の練習でどれを優先するかを決める必要があります。膝を伸ばすことを優先するなら、頭を下げなくてもよいです。頭を下げることを追求するなら、膝は曲がってもかまわない。

重要なのは、体の柔らかさやアサナの美しさではなく、本人がどんな風に感じているかです。どちらのアプローチがより呼吸しやすかったか、より気持ちがよかったか

上：一人ひとりの特性を考慮してアジャストメント（補助）。大阪にて
下：瞑想について講義する著者。参加者の表情は、にこやかながらも真剣

を確認してみましょう。気持ちよさを堪能することが、アサナの質を高めます。「教え方が前回と違いますね」と生徒さんに指摘されたら、「どれも正解なんです。いろいろなアプローチがあるんです」と伝えればよいでしょう。

③ アサナの種類を組み合わせる

ふだん運動量の多い練習をしている女性でも、生理前で体が重たいときは、ひとつのアサナをじっくり味わうほうが心地よいと感じます。女性の生徒さんが多い場合は、様子を見て、運動量の配分を心得ておきましょう。たとえば、三分の一はたくさん動き、三分の一は心身の変化をじっくり味わうアサナ、そして残りの時間でリラックス系アサナを入れる、というふうに組み合わせるのも手です。

④ 時間帯によってやり方を変える

朝、午後、夜という時間帯それぞれに適した動き方を取り入れてみましょう。朝は一日の始まり。太陽礼拝などダイナミックな動きをすることによって、心身にスイッチがはいり、エネルギーが全身に満ちていきます。午後は、ほどほどの体力をつかうことを考慮してください。体のゆがみを整えるようなアサナをじっくり味わうヨガが向いているでしょう。あまり動きすぎると疲れてしまうので、さじ加減が重要です。そして、夜はよりよい就寝をするためにも、リラックス系のヨガをおすすめします。

とりわけ海外でリトリート（合宿）をする際は、生徒さんの体調と現地の時間を考慮してレッスンすると効果的です。

こうすれば必ずうまくいくという決まりはありません。決めておく部分と、行き先の見えない部分を堪能しながら、その時々の状況にあわせてレッスンを楽しんでみましょう。

CHAPTER 3

ストレスとのつきあい方

朝がバロメーター

生活上のストレスとどうつきあっていくかは、多くの人にとって大きな課題です。この章では、ヨガの観点からストレスについて考えていきましょう。

アシュタンガヨガではアサナの練習の最後に「シャンティ」と唱えます。シャンティは平和という意味。「生きていればいろいろなことが起きる。今日もいろいろあったけど、気持ちだけは平和でありますように」という祈りがこめられています。

「シャンティ」になれないのは、どのようなときでしょう？　こういうことが起きたら誰にとってもこのくらいストレスが生じるという、衝撃度をはかるモノサシはありません。同じ出来事でも人によって、経験するタイミングによって、ストレスの大きさが違います。つまり、出来事そのものではなく、受け止め方によってその意味が大きく変わってくるということです。

ストレスはほうっておくと雪だるまになります。憂鬱になった時点で、その都度リフレッシュできるのが理想。イライラが募ると、やがては「生きづらさ」になっていき、改善するのは至難の技です。ストレスを上手に受け止める訓練を日頃からしておき、心の荷物をこまめに下ろしておきましょう。

あなたは朝、すっきり布団から出ることができますか？　もしも起きられないとしたら、睡眠に問題があるからではなく、起きている時間が充実していないからかもしれません。不安があったり落ち込んだりしていると、目が覚めた瞬間「またつらい一日が始まるのか」という心理が働きます。布団のなかでぐずぐずしているうちに出勤時間に遅れてしまうという悪循環。

眠れなくてイライラしてしまうことはありませんか？　でも睡眠薬を常服したり、眠り方を研究することよりも、起きている時間にどれだけストレスを抱えない努力をするかを考えるほうが効果的だということが、ままあります。

一気に快眠生活を取り戻せなくても、少しずつ昼間の行動を無理のない方向へスライドしていきましょう。一五分早めに残業をきりあげて、美味しいお茶を呑む。テレビを消してゆっくり風呂にはいる。小さな気分転換を上手にはさんで、ストレスを雪だるまにしないのがコツです。

ストレスの入り口を知れば対処がわかる

もうひとつのおすすめは、今感じているストレスがどういう経路で入ってきたのか、把握しておくことです。傾向がわかれば事前に対策がとれるでしょう。

まずは、五感からの情報によるストレスがあります。見たもの、聞いたこと、考えていることが頭のなかを占めて、これが体の緊張につながってしまうパターンです。テレビやインターネットで刺激の強い映像を見続けたり、あるいは誰かにひどいことを言われたら、頭は容量オーバーになり、情報処理が追いつきません。何を意識にとどめて、どれを手放すかをコントロールできない状態が、体の緊張につながっていくのです。

こういうタイプのストレスなら、五感を心地よいもので埋めるという手があります。リフレインする音や音楽は、意識に影響を与えます。波や共鳴するシンギングボウルの音が心地よいのも、フレーズがリピートするヒット曲がいつまでも記憶に残るのも、繰り返しによって意識にすっと入り込んでくるからです。頭がパンクしそうなときは、このようにリフレインするシンプルな音楽をかけ、脳に直接訴えかける力を利用してリラックスしましょう。

心地よいものはどんどん増やしていきましょう。ヨガをはじめてから「この香が好き」「この音楽、苦手」「この人とは距離をおきたい」と、はっきりわかるようになりませんでしたか？　これはヨガによって意識が磨かれた結果ですが、「これしか受け付けない」とシャットアウトせず、センサーをほかの領域にも働かせて、その心地よさをまだ足を踏み入れていない領域のなかに探しにいってみましょう。

さて、体への負荷から生じる種類のストレスというものもあります。座りっぱなし、立ちっぱなし、パソコンやスマホと向かいっぱなし……。こういったフィジカルな負荷が、メンタルに伝わることがあります。

そういう種類のストレスには、体から手当していく方法があります。体の状態とメンタルは深く関係していて、たとえば自信がない人は、猫背気味だったり声が小さかったり、呼吸が浅かったりすることが、ままあります。そんなときは、胸を開くアサナを練習するとよいです。胸を開いて深く呼吸できるようになると、血流やエネルギーの通りがよくなって気持ちがすっきりしてくることがあります。また、咽喉をひらくようなアサナを練習していくと、声が大きくなり、でんと構えられるようにもなってきます。

こういうふうに、体から意識のコンディションを変えていくとよいのです。

なんとなく不調ですっきりしない、なんだかイライラしてしまうというときは、呼吸とともに動くヴィンヤサ系ヨガが効果的です。少し運動量が多いくらいがちょうどよいでしょう。体を活性化することでクレンジング効果が生まれるため、終わった後はすっきりします。夕方から夜にかけてはリラックスしてたっぷり休んでください。

さて、疲れすぎて体を動かす気になれないという場合もありますね。そんなときは、陰ヨガなど、リラックス系のヨガがおすすめです。

気持ちよいアサナを、一ポーズ片側五分くらいかけて、力を抜いてやってみましょう。とりわけ腸を活性化させ消化をうながすと、ストレスが軽減します。頭よりもお尻が高くなるドッグポーズ、ヘッドスタンドなどが効果的です（ただし女性は生理中は避けましょう）。

状況を変えるか？　受け止め方を変えるか？

あなたには、何ヶ月も何年も頭を悩ませていることがありますか？　対処療法ではどうにもならないストレスというものがあると思います。

しかし思うようにいかないときはいつでも、抱えすぎた荷物から自由になり、本来すべきことにエネルギーをふりわける絶好の機会ととらえてみましょう。不思議なことに、嫌なこと億劫なことは、逃げようとすればするほどどんどん追いかけてきます。「あの人はどうして私に意地悪するのだろう？」と考えたり、苦手なアサナの練習をするとき「ああ、また苦痛な瞬間がやってきた」とうんざりしたりすることがありますよね？　でも物事の嫌な側面に注目してしまうとそこに意識がロックされて、実態以上に負の側面がどんどん膨らんでいきます。

まず、嫌だという感情をそのまま受け止めましょう。なぜなら、それがあなたにとっては自然なことだからです。感じてはいけない感情などありません。

そのうえで、傾向と対策を見いだしましょう。「なるほど自分はこういう風に扱われると、嫌だと感じるな」「こういうタイプに疲れやすいんだな」と、具体的なイラのポイントをチェックしてみてください。

それができたら、一日一五分、自分自身にインタビューしてみることを、おすすめします。「この状態は、私に変えられる？　それとも無理？」と自問してみるのです。自力では何もできないと思い込んでいるだけで、実は変えられるものがあるかもしれません。あるいは、努力しようもないことをなんとかしようと思いこんでいる、ということに気がつくかもしれません。

状況を静かに見つめることが、問題解決の一歩。物事が整理できると落ち着いて状況が見渡せるようになってくるでしょう。

不安というのは、「今、この場所にいる」という本来の中心点からずれて、未来のほうへ意識が傾きすぎている状態です。「私、先回りして考えすぎ？」「そんなにパニックになるようなこと?」と問いかけ、アサナの練習で重心を体の中心にもどすように、気持ちをニュートラルに戻そうとしてみましょう。そうすれば、状況は変わらなくても、感情に振り回されることなく、軸足を地に着けて行動することができます。

悩みの種類を整理してみる

あなたが抱えている悩み事は、以下のどれに分類できるでしょう?

①自力で厄介事をなくしたり、変化させたりすることができるもの

②自力では変えられないもの

①であれば、今いる環境を脱出すれば、とりあえずの問題は解決します。相手と縁を切るなり、会社を辞めるなり、家を出るなりするというのが、その一例です。

そうと腹が決まれば、悶々と頭を悩ませている状態から一歩前進。あとはどのタイミングでどうやって新しい場所へ行くかという、次の課題へとうつることができます。では②には対策はあるでしょうか？　じつのところ選択はたくさんあります。状況を改善できないのなら、自分の受け止め方、対応の仕方を変えればよいのです。

たとえば、当面はこのままでいながら、これ以上ダメージを受けないよう自分をガードするというチョイスがあるでしょう。「ここまでは頑張ろう。でもここから先は抱えない」という線引きをする。あるいは、すべての瞬間に全力投球するのではなく、メリハリをつけて労力を分配するという発想で、乗り切ってみることはできないでしょうか？

先日、こんな生徒さんがいました。「私は母親、妻、それに一人でいるときの自分という三つの顔を持って生活しているけれど、どれが本当かわからなくなってしまった。どれも自分ではないような気がしてつらい」と言うのです。

そのとき、私が思い出したのは、歌舞伎の演目で一人の役者が何役もこなす「変化《へんげ》もの」でした。役者が衣裳を素早く変え、複数のキャラクターを演じるのですが、これが得意な役者ほど、人格の戻ってくる場所、芯となるポジションを持っていると聞いたことがあります。

すべてのキャラクターを二四時間、同時に演じることはできません。「自分がもっとも自分らしくある感じ」を支えにして、その時々のキャラクターを演じるのが、混乱しないひとつのコツです。

苦手意識を味わってみる

ストレスは、恐怖心ともつながっています。ここでは恐怖心について考えてみましょう。

たとえば、あなたはハードルの高いバランスのとりづらいアサナは、転んでしまうのが怖くて、スキップするタイプですか？　怖いと感じる前にそこから離れるという判断は、①による行動ですね。自らその場所から離れる。それも選択肢のひとつです。

これを②と解釈してみたら、どういうことができるでしょうか？　たとえば「この状況を受け入れる」と一度は考え、あとはその受け止め方を変えてみるというやり方があります。どうしたって怖いなら、いっそその感覚がどんなものかを徹底的に味わってみるのも、手ではないでしょうか？　バランスをくずして倒れるその瞬間まで心のなかで実況中継してみましょう。「怖い、怖い、グラッときた！　あっ、尻餅をついた！」というふうに。ポーズを美しく完成させるのではなく、恐怖心を観察し、学習することがテーマになると、意識をより敏感にする時間に変わっていきます。

たとえば、腕で体を支えるアームバランスが苦手だという女性は多いのではないでしょうか。

①であれば、自分はアームバランス系のアサナはできなくてもよいと、すっぱり諦めることができます。ほかのアサナが上手にできればそれでいいという考え方ですね。

タイ古式マッサージとヨガのアジャストメントを組み合わせた、オリエンタルアジャストメントヨガの講義。解剖学に基づいたプログラムは、ヨガ指導には有効

あるいは、自力で状況を克服してみせるぞと腹を決めるのも①の発想です。スポーツクラブに通ってマシンで鍛え腕をがっちり太くすれば、体を持ち上げやすくなります。あらゆる手段を考慮に入れてできるようにするというやり方ですね。

一方、できる範囲で満足しようという発想が②にあたります。今の状態をまるごと受け入れ、現状を評価するという考え方です。

アームバランスができないと悩む人は多いですが、本当にまったくできていないのでしょうか？　見た目は完成にほど遠いかもしれませんが、本人が自覚するしないにかかわらず、練習していくうちに体のつかい方、意識のコントロールの技術は養われています。体は持ち上がらなくても、腕を上手に使えていたとしたら、「今の自分はここまでいける。これがベスト」というポイントには到達しているということです。アームバランスのアサナのために必要なことを、部分的に体得しつつあるとは考えられないでしょうか？

体のどこを使って、どこの力を抜くか、という試行錯誤のなかで体と意識はこれまで以上に密接につながっているはずです。できていないことではなく、できていることに注目してみると、違った現実が見えてきます。

腕で体重を支えるには、この部分を鍛えておくほうがよい、こういう練習をしておいたほうがよいというノウハウはたくさんあります。インストラクターは、ピンポイントにアプローチする方法論を学んでおくとよいでしょう。あるいは補助となるプロップを効果的につかって、アサナができたときの感覚を生徒さんに体験してもらってもよいでしょう。

思いと行動がずれるとき

もう少しストレスについて探求してみましょう。思いと行動の不一致から生じるストレスというものが存在します。本当はやりたくないのに笑って仕事を引き受けてしまった。やめたいのにやめられない。気がついたら巻き込まれていた……。こういう状態が、心身を疲労させていきます。

ヨガの語源には「つなぐ」という意味がありますが、そのヨガ的アプローチで対処するとしたら、どうすればよいでしょうか。

たとえば、あなたが甘いものをどうしてもやめられないとします。「食べないって決めていたのに、今日も守れなかった。私ってどうしてダメなの」と罪悪感を覚え悶々とするのが、もっともよくないパターン。それなら、「今日だけは食べよう」と決めて口にしたほうが、ずっと健康的です。自分が自分の舵を取っていると意識できれば、ストレスはなくなります。心の舵取りができていれば、どんな選択をしても正解ということになります。

あるいは、雑念が消えずアサナの練習に集中できないということはありませんか？「練習が終わったら、買い物にいかなくちゃ。昼ご飯はカレーでも作るか」などと考えながら、体を動かしていたりして。体と意識が別の方向を向いていると、アサナの練習から得られるものは半減してしまいます。

そんなときは、ちょっとした遊び心を発揮してみましょう。「よし、ご飯について考えよう」と決め、具体的に料理のことを考えながらアサナの練習をしてみたらどんな感じがするでしょう？　カレーで頭がいっぱいという状態ではなく、カレーについて考えている自分を見ている「もうひとりの自分」が浮かび上がってきませんか？こんな風に状況を客観的に見つめることによって、心が落ち着いてくるはずです。

心理学には「認知的不協和」という言葉があります。矛盾する認知を同時に抱えたとき、人間は不快感をおぼえます。それゆえ、つじつまをあわせるために、都合のよいように考えを変えようとする傾向があらわれるのです。「キツネと葡萄」というイソップ童話がありますね。高い木に実った葡萄を見つけたキツネが、一生懸命ジャンプしてなんとかして手に入れようとするのですが、どうしても届きません。結局キツネは、「どうせあの葡萄は酸っぱいんだ」と負け惜しみを言って立ち去ります。これが、認知的不協和です。

そもそも人間にはそのような仕組みが備わっていますが、私は、思いと行動が違ってしまっても、それを自覚できたらそれでよいと考えます。自覚できる人は、その時点で意識の方向を軌道修正ができます。手綱をにぎりなおして、本来の目的地に向かうことができるのです。

言動不一致のまま、嫌なことを我慢し続けたり、心にもないことを言ったりやったりしていると、最初は「非常事態だ、仕方ない」と思っても、だんだん危機察知センサーと軌道修正能力は衰えていきます。対処できるタイミングが早いほど、ストレスは少ないもの。自分の挙動に違和感を少しでも覚えたら、それが手綱をひくタイミングなのです。

アサナの練習のなかで意識は敏感になっていきます。敏感になるということは変化がわかるということ。変化がわかるということは、その対応がわかるということです。ストレスで心身が疲れ果ててペースダウンしてしまうのではなく、「今は疲れ気味だから、もう少しペースダウンしよう」と早めに軌道修正できることも、重要なストレス対策です。

怒りを有効活用してみる

怒りという感情については、どうでしょうか？「怒りを手放せ」と心理エッセイなどには書いてありますが、「手放すってどういうこと？」と思いませんか？　本人は好きこのんで怒りにしがみついているわけではないのに、手放せと言われても……という人もいるでしょう。

私なら、その場所から意識的に移動してみようとアドバイスします。負の感情には大きなパワーがあります。その感情にフォーカスして意識がとどまってしまうと、負の感情が増幅して、最悪、大きなダメージを及ぼしかねません。

そうならないためには、まずムカッとしている自分を見つめてみるのがよいでしょう。「今、私は腹を立てているんだな。ふむふむ」というように、少し俯瞰した地点から自分を眺め、客観的に心のなかで実況中継するのです。それができるようになると、怒りから一歩ふみだせるようになります。

たとえ嫌な気持ちになっても、それは通過点。そのとき「このままでいたいの？こんな場所に長くいて何かいいことある？」と問いかけるもう一人の自分がいたら、それがあなたの水先案内人になってくれるでしょう。

これまで経験した感情、どうとらえたかという意識の蓄積が、人間にはあります。あらゆる場面において、浮かんでくるさまざまな変化を客観的に見つめること。これがヨガなのです。

自分をナビゲートできるとしたら、あえて苦しい状況に留まることだってできるということ。これは、怒りから逃げたいのに逃げられない状況とは違います。「いっそどこまで嫌な気分になれるか試してみようかな」「今日の私は、どれだけムカムカするかしら、どれどれ」と、客観的に怒りを眺めることができれば、もう怒りとは別の場所にあなたはいます。

先日、ある生徒さんがこんな話をしてくれました。いろいろなストレスを抱えている彼女は、イライラするとすぐマットを敷き、アサナの練習をやっていたそうです。ところが怒りに飲み込まれて、ちっともリラックスできません。仕事を終えて帰宅した時点では、上司にいじわるされたというのが怒りの種でしたが、マットの上で動けば動くほど、連鎖的に嫌なことがわき上がってきます。とりわけ、ドッグポーズなど頭に血が上るアサナを練習していると、「あの上司、なんなのよ！」が、「私一人がなんで頑張らなくちゃいけないの？」「家にいるときくらいゆっくりさせてよ！」となり、最終的には「どうして、夫は脱いだ服をそのままにしておくの？　許せない！」と怒りの矛先が夫に向かってしまい、ヨガのあとは夫婦げんかになるのだとか。

怒りは強い力を持っています。対立や衝突の火をどんどん燃え上がらせ、自分を大切にする力をうばい取ってしまいます。

ヨガはそのときの状態、感情のありようを増幅させます。よいものはさらによく、そうでないものはさらに悪い方へと加速することがあるのです。たとえば、怒りを抱えたまま、ヴィンヤサ系ヨガ（呼吸とともに動くダイナミックなヨガ）をすると、怒りが燃えさかってしまうことがあります。エネルギーは意識を向けた方へと流れていくため、「あいつ、許せない！」と憤りながら練習したら、どんどん怒りっぽい人間になっていくのです。ネガティブな感情で動いてしまうと、集中力を欠いてけがを招いたり、痛みを我慢することにつながって、自分自身に厳しく当たってしまう結果にもなるでしょう。

そのしくみを知った彼女は、アサナの練習中に、心で夫に「ごめんね、八つ当たりして」と念じたところ、不思議なことに夫に本当に優しくなれてけんかがなくなったそうです。意識によって、怒りから離れることができたのです。

「嫌なことがあってつらかった」という事実があったとします。あなたは、その次にどういう接続詞をつなげれば、前進できると思いますか？
「でも、この瞬間は好きなことに集中するぞ」と思えたら、その方向へと事態は向きやすくなります。「だから、悔しさをバネに頑張ってやる」という気持ちになれたら、その方向に突破口が見つかるでしょう。

怒りには強い力があるとすでに書きました。ということは、有効活用すればメリットにもなるということなのです。

感情の波を観察し、どう落ち着かせていくかをつかんでいくのが、ヨガの練習です。まずはつらい状態をありのまま静かに見つめ、その衝撃的なエネルギーをどんな方面に生かすことができるか、時間をかけて何度もクエスチョンしてみてください。その過程で、自身に優しく接することができるようになります。

ヨガは「こうなりたい自分」へと導いてくれる実践でもあります。大げさに言えば、どのように生きたいかをさぐる、明日の自分とつながるツールです。

逆境はチャンスかもしれない

努力ではどうにもならないことが世のなかにはありますが、そんなときにも否定的にならずにいることは可能なのでしょうか？

どんな分野においても、その場をのりきるのに有効な「現場の知恵」というものがあります。その多くは「こうしなさい、ああしなさい」と言われて身につくものではなく、体験と発見から生まれた独自の方法論です。

五人の家族を看取った、羽成幸子さんという作家がいます。「介護の達人」の異名をとる彼女は、介護とはすなわち待つことだと断言しています（『男も出番！ 介護が変わる』春秋社）。病院に付き添えば、待合室で待たされる。食事介護では、本人がむせないか見守り、食べ終わるのを待つ……。まとまった自分の時間を持つことはほとんどできません。

待つことに強くなるとイライラが減るということを身をもって知った羽成さんは、待ち時間をフル活用すべく、次々と驚くべきアイディアを生みだします。義母が用を足すのを、ギターの練習をしながら気長に待つ。病院に付き添いするときは、文庫本を分解して一〇〇頁ほどにして持っていく。観たい映画があれば、二回に分けて観る……。

できないと嘆くのではなく、できることは何か？ という視点に立つと、驚くほど人はクリエイティブになります。

「どうすれば、自分の時間をつくりだすことができるかを、ゲームのように考える。

（略）忙しいから時間が取れる。あれこれ考えているより先に行動に移す。（略）〝介護の達人〟は〝生活達人〟でもある」「すべてのことに、楽しさを見いだせることができれば、介護は人生の一部分になる」

私はこの発想こそがヨガだと感じます。思った通りにすすまない状況は、考えようによってはチャンスかもしれません。

日本全国を巡りヨガ指導する著者。旅先でパワースポットがあると立ち寄り、しばし瞑想タイム。日本一深い湖、秋田県田沢湖を前に

ありのままに起きている事を見つめ、そのときできることをやってみると、道は開けてきます。

ところで、あなたは、一流の野球選手に欠かせない能力は何だと思いますか？ ニューヨーク・ヤンキースの医療チームの医師クリストファー・アーマッド氏によれば、メジャーリーグ

のピッチャーとバッターは、無意識に現状分析を高速でおこない、それをポジティブなプレーにつなげる能力が優れているのだそうです。

予測できないことが起きてカッとなったり、フリーズしてしまったりする人は珍しくありません。ですが、とっさの反応を日頃から経験しており、反応の調整に長けている彼らは、いざというとき、その力を自分に役立つように利用できるのだそうです。

面白いことに、運動選手と外科医には共通点があるそうで、手術中にパニックになる外科医もいれば、状況が深刻でも何とか対処しようとする外科医がおり、後者こそがよい医者と言えます。アーマッド氏はインタビューでこんなことを言っています。

「私の場合は、心のなかでリハーサルするようにしています。そうすれば、深刻な状況に直面したときに、自分自身に向けて次のように言えるからです。『今こそスキルアップさせるときだ。目の前にある絶好の機会を利用して、悲惨な結果につながりかねない状況を克服しよう。前向きに言ってみよう、〝この状況を転換させて、完璧に事態を収める絶好のチャンスだ〟。〝ああ、これはひどい。うまくいくはずがない〟と

言うかわりにね』」(『激情回路』R・ダグラス・フィールズ、春秋社)

きっと切り抜けられるはずだという信念と、現場体験はリンクしています。実際に何かを達成した事実よりも、不利な場面でもできることがあると信じてきた経験が、人間のしなやかな強さにつながるのではないでしょうか。

失敗しても「成功」

さて、自分にとって逆境とは何だろう？　と考えてみました。一生懸命頭をひねったのですが、どうにも思い浮かびません。たとえば、私の仕事の多くは、「こういうことをしたいので、手を貸してほしい」という誰かからの誘いから始まります。状況と条件がそろって仕事ができるとなったら、あとは、可能にするにはどうしたらいいか、現実的にどんな手助けができるかを考えます。「もしできなかったらどうしよう」

ということは、頭をよぎりません。少しでも不安だ、負担だと思ったら、たとえ条件的に可能であってもうまくいかなくなるからです。

取り組みがかたちになったら、どんな結果であれ成功。人の評価や、収益の多寡は二の次で、実現できた時点でとにかく合格点を自分に出しています。

そして、万一かたちにならなくても成功です。なぜだめだったか、その理由がわかるから。うまくいかなくても収穫はあるのだと考えたら、逆境というものは存在しなくなります。

不測の事態は、考え方しだいで自分と向き合うよいチャンスに変わります。思い通りにいかない出来事は自分を探求する素材と考え、できることなら楽しんで向き合ってみてください。

CHAPTER 4

思うようにいかない体と
どうつきあうか

アクセルとブレーキ

アサナは快適であることが条件です。練習の翌朝、体に痛みや違和感が生じている場合は、負荷がかかりすぎている証拠。達成感があるならそれは素晴らしいことですが、そのせいで体が悲鳴をあげていませんか？　充実感という収入をたくさん得たら、痛みというタックスもそれなりに払わなくてはいけなくなります。本来は、ほどよい収入、ほどよいタックスが、理想です。

体のストレスや痛みは、精神的な萎縮につながります。朝起きたときに、体がしんどくて、「ああ、今日もヨガの練習をしなくちゃ」「今日は練習ができなかった」と憂鬱になっていたとしたら、スローダウンすべきサインでしょう。

痛みは、体のポジショニングを工夫することでかなり改善します。また、どういうタイミングで体を支えるのが一番スムーズか、どういうときに体を痛めたかを記憶しておく意味で、痛みの体験は無駄ではありません。

意識と感覚はつながっています。意識は痛みを通じて、この体験がどういうものだったかを心身に刻んでいるのです。

アサナの罠

今までできなかったアサナが、突然できるようになったときの感動を覚えていますか？　俄然、モチベーションが上がりますね。しかしだんだんアサナが高度になってくると、できないことがまた出てきます。そんなときも、一度ハードルを越えた感覚があれば、バランスを崩すかもしれないという恐怖を乗りこえ、「今回もあきらめないでやろう」という意識が芽生えてくるでしょう。困難を乗りこえただけ、大きな達成感を味わうことができます。

ところが、その気持ちは「できなくてはいけない」という焦りにつながってしまうことがあります。ヨガと出会ったころは、うまく体が動かなくても気持ちがよかった、という喜びがあればそれでよかったはず。それがいつしか「できなくちゃいけないのに」「練習しなくちゃ」という思いが芽生えてきます。あるいは、「気持ちよさをもっと得たい」「昨日と同じようにできるはずだ」「もっと前に進まなくては」と焦ってしまうことだってあるでしょう。

がんばらなくてはいけない自分と、できていないという現実のギャップに苦しみ、「あの人はできているのに、どうして自分はできないのか」と悲しくなってしまうこともあるかもしれません。こういう経験は長年ヨガをやっている人なら誰しもあるはずです。

これを私は「アサナの罠」と呼んでいます。落とし穴にはまっていると感じたら、そのような状態を自分は本当に望んでいただろうか？　と問いかけてみましょう。何のためにマットの上に立っているのか、アサナをすることで得られる恩恵は何かを、問い直してみるのです。あなたが最初にヨガのレッスンを受けた日のことを思い出してみてください。爽快感、開放感を味わったあのときのことを。

アサナの種類は数えきれないぐらいあります。ひとつ克服できたと思ったら、またできないアサナが待ちかまえています。美しいかたちを完成させるのではなく、なかなかできないアサナとどうつきあうかがヨガです。

どの程度の痛みなら頑張れるのか。現時点でできないとしても、気持ちよいと感じる部分をさがすことができるか。そのためには何ができるかを追求してみましょう。そのようなあり方は、生活のなかで困難な状況に陥ったときにも、その先へつながるひとつの指針となるはずです。

満足するか挑戦するか。ヨガをやり続けていくと二つの選択がつねにつきまといます。

ヨガ哲学を説いた古典的経典『ヨーガ・スートラ』（CHAPTER 6参照）には、「ニヤマ」という教えがあります。そのなかには、必要以上に望まない、足るを知るという教えが含まれています。それと同時に、自らに課したことを行うべし、苦難を受けいれて情熱をもって自己鍛錬せよというアドバイスもあります。

矛盾しているようですが、どちらも大切なことです。

どういうときに満足し、どういう場面で突き進むかのバランスは、人それぞれが生活のなかで決めていくこと。万人にあてはまる法則はありません。そしてそのバランスは体験が教えてくれます。筋肉痛で目が覚めたときに「昨日の練習で頑張りすぎたな」ということがわかりますね。諦めれば発展はありません。でもやり過ぎたら自分にダメージを与えてしまう。

心と体の状態を感覚的に把握しながら、この微妙なラインを絶え間なく探っていくのがヨガを深めるということです。

違和感はメッセージ

アサナができない現状をありのまま受け入れてくれる存在があることが、生徒さんの大きな安心感につながります。インストラクターは、「できないという現実を見ているのも練習ですよ。バランスを崩して後ろにひっくり返っても大丈夫。無理しないようトライし続けて、あきらめないでいよう」というメッセージが伝えられるかどうかが大事。

失敗してもいいとわかったら、気持ちが楽になって、明日もまたマットの上に立つことができます。

人生を生きやすくするためのツールとしてヨガをとらえること。できない自分を認め、同時に「できたらいいな」という気持ちを捨てないこと。そのありようが生徒さんに伝わるのが理想です。

「何とかしなくちゃ」と思ってしまうと、アサナからは恩恵よりもマイナス面が生まれてしまいます。体に痛みがあったり、精神的な疲労感があったら、現時点での自分にとっては無理だったかもしれないと疑ってみましょう。

意志だけで突き進むと、体へのダメージが蓄積して、怪我をしやすくなります。違和感があるのに、見ない振りをして同じような練習しつづけると、そしてその期間が長くなればなるほど、後になって痛みやしびれが出ることがあります。

痛みや違和感があったときは、練習のあり方を振り返るよいチャンスです。

体が硬い生徒さんのためにできること

アサナを習得するスピードは人それぞれ。私の場合は、現時点でうまくいかなかったとしても、その事実を冷静に受け入れ、「今度またトライしてみましょう。どうなるか見てみましょうよ」と言って、現状を受け入れることを促しています。目に見える変化は生じていないけれど、少しずつ上達している場合もあるので、あせらずに進めばよいだけのこと。「プラクティス、プラクティス、プラクティス。ワンデイ・カミング」です。

「私、体が硬いんです」とため息をついている生徒さんがたくさんいますが、実はそういう人ほど、ヨガに向いていると思います。体が硬い人は、少し体を曲げただけで痛いわけですから、体の部分に意識がいきやすく、より敏感に変化を感じとることができます。

到達までの道のりが長いということは、そこに至る変化を長く味わえるということ。どんなペースであってもあきらめなければ、やがて「ヨガをやっていて、よかった」「とうとうここまで来たか」と達成感を覚える日がくるでしょう。

「アサナができること」を目的にしてしまうと、できるかできないかの二つのゴールしかありません。でも到達点に向かう途中に自分はいるのだとわかれば、あきらめる必要はないのです。

やってみたいと思ったら、成功するかしないかといった心配はひとまず脇に置いて、とにかく体験してみてください。向いていると思えば続ければよいですし、今の自分ではダメージを受けると思ったら迂回したり、ゆっくりゆっくり進んでみたりする手があります。

どんな地点にいてもあきらめることはありません。ゴールではなくプロセスが重要。極端な話、死ぬまでにできたらいいなと思いながら毎日向き合うものがあるなんて、幸せだとは思いませんか？

私自身は、常にアジャストすることはしません。背伸びする。足を開く。お腹をツイストする。前屈する。基本的には一人でできるアサナがたくさんありますので、「この部分が緊張してる」とわかったときにそっと手を添えるだけ。生徒さんの意識がその部分に向かえば、心地よさを味わうことができます。

グイグイと力でアシストすると、苦しい印象ばかりが残ってしまって逆効果です。生徒さんが焦っているときは、アサナから離れて、ここちよく筋肉を伸ばす程度にとどめ、「今日は、体の変化を味わってみましょう」と促してみてはどうでしょう。

体に起きていることを眺め、それを心地よく味わうことで、気持ちも体もゆるんでいきます。この心地よさを覚えていれば、「こういう感じになればいいんだ」と、イメージできます。体調も自分をとりまく環境も日々変化していきますが、どんな状況にあっても、この感覚が船の「錨」のように働き、穏やかな地点にもどしてくれるでしょう。

マットの上に日々立つかぎり、少しずつ心身は変化しているということが、きっと生徒さんにもわかるときがきます。焦らない。でもあきらめずに見守る。これがインストラクターにとってレッスンの極意です。

もし、それでも何かしてあげたいという気持ちになったら、折を見てあなたが生活のなかで実践しているリラックス法を伝えるとよいかもしれません。ゆったりした音楽やシンギングボウルを堪能する、アロマを焚く……。自分が心地よいと思うことを、シェアするのです。

こまめにストレスを取り除けば、再び新鮮な気持ちで練習に向き合えるでしょう。

中心はいつも動いている

体はつねに変化しています。同じ人間でも、怪我をしたときとそうでないとき、生活習慣が不規則のとき、調子のよいときではコンディションが違いますし、女性であれば生理周期も影響します。細胞の新陳代謝というレベルから言えば、昨日の自分はもう別人です。

今という時間は、「今」と口に出した瞬間から去っていきます。地球や時間が常に動いているように、私たちの体や感覚も変化し続けています。それが証拠に、アサナの練習のとき、安定する重心はどこだろう？　と探ろうとするとき、最初からぴたっとバランスがとれる点を見つけられることは、まずありません。やや右に揺れ、左に揺れ……と微調整しながら、中心点を探しているはずです。

バランス感覚が磨かれれば磨かれるほど、中心点が動いていることがわかります。安定した場所を探そうとすればするほど、体が常に揺れていることに気がつくのです。私たちは、自分で制御できない体を抱えながら、ラジオのチューニングをあわせるように目的地を探る作業を、アサナの練習をとおしてやっています。

このバランス作業は、ヨガマットから離れているときにも重要です。不摂生がつづ

バカアーサナ（カラスのポーズ）。力強さ・柔軟性・バランス感覚の三つの柱が、人生を支えてくれる

いたら規則正しい生活に戻す。しんどい人間関係をいったんお休みして、心安らぐ場所へ行く……。そんなふうに朝起きてから夜眠るまでのあいだの自分の行動に意識を向け、チューニングしてみてください。すると、ゆっくりと事態は動いていくはずです。

自分自身の行動や言葉、思いから、もっとも心が安定する着地点を、時間をかけてさぐってみましょう。

答えが見つかったら、それがそのときの正解です。

スランプは何を伝えているのか

このあいだまでスムーズにできたのに、なぜかうまくいかない。長年ヨガをやっているとこういう状態を何度も経験していると思います。一刻も早く調子を取り戻したいと焦ることも多いでしょう。

ところが、スランプというのは実はチャンスなのだそうです。草野球の選手で、身体知（身体と言葉を駆使して体得する、身体に根ざした知）という学問分野を研究する諏訪正樹氏は、『「こつ」と「スランプ」の研究』（講談社）という著書のなかで、こう述べています。

「少し見方を変えてみましょう。スランプとは、現状の問題点を発見し修正して、新しい『こつ』を体得するための準備期間、つまり一種のチャンスなのだと。スランプに陥らずして更なる高みに登ることはできません。スランプなしには現状維持が関の山です」

体で実践し、言葉でいろいろと考えるという試行錯誤を通じてスランプを脱すると き、新しい「こつ」が体得され、新しい風景が広がると諏訪氏は説明しています。

これは、ヨガの実践にもあてはまります。うまくいかないときは、頭のどこかで「どこが悪いんだろう」「こうしてみたらどうかな」と思考が働きます。その思考に促され、一つひとつさまざまな試みを重ねることによって、体感のバリエーションも蓄積していきます。

ですから、思うようにいかないときだって、何もできていないというわけではないのです。

ヨガの実践を続けている限りは、あなたは「動いて」います。できていないことではなく、すでに手にしているものの価値を発見してみましょう。

焦らないこと。そして諦めないこと。そこから、体との新しい関わりが生まれてくるでしょう。

CHAPTER 5

自分のなかの
男性性・女性性を意識する

男性のヨガ、女性のヨガ

ここでは、性をキーワードにしてヨガを考えてみましょう。

誰しも男性性と女性性の両方を持っています。あなたのなかにある女性的な要素は父親からもらったものかもしれませんし、逆に男らしいと自覚している面を母親から受け継いでいるという可能性もあります。あなたの父親と母親にはそれぞれ親がいて、さらにそのまた親がいますから、たくさんの人の男性性と女性性が混ざり合ってきた結果として、今のあなたがいます。

「私は（あなたは）女性だから」「私は（あなたは）男性なのに」と、つい言ってしまうことがありませんか？　男らしさ、女らしさの基準は国、地域、時代によっても変わります。固定観念や社会的な価値観のほうが、よほど男女の線引きを厳格にしているのではないでしょうか。

　とはいえ、男性と女性には当たり前ですが、違いがあります。あるとき生徒さんに、女性らしさのイメージについて聞いたところ、答えにはいくつかの共通点がありました。「知らない人とでも気軽におしゃべりできる」「相手を包みこむしなやかさを持っている」「コミュニケーション力が高い」「人の目を気にする」「互いに値踏みしている」「空気を読むのが得意」「想像力が働く」……。いずれも、まわりと比較し全体を俯瞰して、自分の位置を確かめること、あるいは先を読むことが特徴です。

　一方、男性らしさとは何か？　という質問には、「冷静」「状況が見えない」「ひとつのことに集中するのが得意」「頑固」「いろいろと細かい」「人の話を聞かない」という声があがりました。一点集中型で瞬発力を発揮するのが男性は得意という共通点があるようです。

こういった傾向は、ヨガへの取り組み方にも影響しているように私は思います。たとえば女性は、ヨガを楽しみたい、心地よく実践したい、気に入ったウェアを身につけたいという欲求をふくめて、トータルにヨガを堪能している場合が多いです。健康的な食やライフスタイルに関する情報交換をさかんに行い、その延長線上でヨガを身近な存在にしたのは、女性的センスのなせるわざでしょう。レッスンが終わったあと、芳香剤入りの除菌液をマットにシュッシュッとかけているのも、たいてい女性。女性にとっては、練習が終わった時点が終了ではなく、マットを片づけるその瞬間まで心地よくあることが大切なのです。私がヨガを習い始めたころは、今なら気絶しそうな衛生観念を持った男性たちがほとんどでしたので、隔世の感があります。

歴史から言えば、ヨガは男性聖職者による修行だったため、おのずと男性的な価値観でなりたっていました。ひとつのことに集中するのが得意という男性性を軸に、真剣にヨガを追求していくため、どんどんいろいろなものがそぎ落とされていきます。決まったものしか口にしない、ふんどしひとつで雨の日も風の日も……というふうにシンプルになっていき、俗世から離れていくのです。

現代ヨガをやる男性は修行僧ではありませんが、女性と比べれば、やはり修行的にヨガと向き合って、アサナを極めること自体が目的化してしまいがちです。

男性は、生理周期や心身のコンディションのアップダウンなど、女性が経験しているような有無を言わせぬ変化を、実感をもって想像することができません。「今日は働きすぎて疲れた」「飲み過ぎて調子が悪い」というように、原因がすぐ思いあたるような不調は自覚できても、女性が日常的に経験している慢性的な変化にくらべたら、ほんのさざ波程度のこと。だからこそ、男性はこつこつ積み重ねたり、ひとつのことに集中したり、強い意志をもってがむしゃらに突き進んでも、苦にならないのでしょう。「こうしなくちゃ本物ではない」といって孤高の道を目指そうとするのは、コンディションがある程度一定だからこそできるといえます。

女性は自身と会話しながらマイペースでヨガをするコツを心得ています。女性は決めたことを根性を貫き通すのは苦手でも、意識を自身の内側へとスイッチするのが得意です。常日頃から心身の反応という、意思の力ではいかんともしがたいものと付き合っているために、変化には敏感。おのずと、「今、自分の体はどうなっているのだろう？」と自問するのが得意になるのです。

感覚に対してオープンであることは強みです。それは女性が培ってきた生きる技術であり、魅力でもあります。

女性の心身について知っておくべきこと

さて、もう少し女性の心身に注目してみましょう。

女性は生理周期によって体調が変化します。生理前の約二週間はホルモンバランスが変動し、体調が落ちたり、やたら食欲が出たり、気分の浮き沈みに悩む人が珍しくありません。生理が来たら来たで、生理痛や腰痛に悩む人もいます。つまり、女性のコンディションは月の四分の三が不安定であってもおかしくないということが言えます。たとえるなら、ハワイ島の天候を自分自身のなかに抱えているということ。花が咲きほこったと思ったら、嵐のようなスコールが一瞬にしてそれを流し去り、しばらくしたらまた日が射してくる。そんなふうにめまぐるしく変化する心身があって、そこに、意識がついているという仕組みなのです。

インストラクターは、つきあいの長い生徒さんなら、「今日はいつもより集中していないな」とか「体が重そう」といったことがすぐわかるでしょう。その日の出来事や季候が関係する部分もありますが、女性は生理周期に影響を受けていることが往々にしてあります。生徒さんとの信頼関係ができたら、生理周期を大まかに把握し、排卵期以降はからだを緩めるようなリラックス系のアサナを増やすと効果的です。また、体調を見極めて、「今日はこのぐらいにしておいてもいいですよ」「もうちょっと頑張りましょう」などといって調整するのも、大切なことです。

さて、女性は年齢による変化にもダイレクトに付き合わざるを得ません。たとえば更年期。閉経にむかうなかで、何割かの人に、顔が火照ったり、情緒的に不安定になったりする、いわゆる更年期症状というものが現れます。いざそのような症状がやって来てからあれこれやろうとしても、体は順応できません。更年期が始まる時期には個人差はありますが、できれば、三〇代、四〇代から準備をするのがよいと思います。たとえば、日々の体調だけでなく、半年や一年といったスパンで変化を感じとってみましょう。いつしかホルモンバランスが変わることを承知していれば、どのようなペースでヨガとつきあえばよいかがわかります。

二〇代のころと同じように練習できないからといって、がっかりすることはありません。心の準備をしておけば、「将来どんなことが起きるのか楽しみ」というマインドになって、いざその時期が来たらスムーズに通過できるでしょう。

体力は劣るかもしれませんが、年齢を重ねていけばいくほどマイペースを極めることができて、ヨガが数倍楽しくなります。無理できない状況になってからのヨガはまた一段と楽しいものです。

性を意識したレッスン

男性性、女性性のバランスを発揮しながら、生徒さんにヨガを味わってもらうために、インストラクターは何ができるでしょう。

修行的な要素を追求している男性の生徒さんには、私は「膝をすりむこうが、多少無理しようが、頑張ってください」という態度で基本的に見守っています。男性はこつこつ同じペースで積み重ねていくので、インストラクターはその手伝いをするという発想がちょうどよいでしょう。

一方、「体が重くてつらいんです」という女性に、「体を動かしていればできるから、頑張って」などと言おうものなら、とたんにレッスンに来なくなるでしょう。不調のあるときにもある程度は体が言うことを聞いてくれますが、女性はぱたりとエネルギー切れすることが多いため、様子を見ながら微調整することが容易ではありません。ですから、いつもと調子が違うと本人が自覚している場合には、「無理しないで。休んでもかまいませんからね」と声をかけるのがよいです。生徒さんに自分の気持ちを受け入れてもらったという感覚があれば、それが、信頼と体力回復の土台になります。

近年注目を浴びているメンズヨガ。ビジネスマンにもヨガは必須になりつつある

　女性の生徒さんが多い場合は、難易度の高いスパルタレッスンは敬遠される可能性があります。何が求められているのか、あなたのなかの女性性を総動員して想像力を働かせてみてください。

熱心なインストラクターほど、「困っている生徒さんを見ると、何とかしたい」と思いがちです。リーダーシップをとって状況や人を動かしたいという欲求は、男性的な側面のなせるわざです。それで物事が進むとしたら、それは生徒さんの持つ男性性とうまく反応した結果です。「頑張れ」「よし、やるぞ」という気力の盛り上がりが相乗効果を生むことがあります。

しかし、うまく進まないときは、その方法ではだめということ。女性性を発揮する方針に切り替え、「焦らなくても大丈夫」というメッセージを伝えると、スムーズにいくことがあります。

個々の事情にこまかく対応できないときは、どんなことに注意すればよいでしょうか？

全体を眺めて、活気がある生徒さんが多ければ、ダイナミックに動くアサナを中心に行うとよいでしょう。体を痛めない範囲で、「いつもよりも挑戦してみましょう」

とか、「『自分にはできない』という思いこみを手放してみましょう」と、背中を押すのもよいかもしれません。

女性が多ければ、筋力や体力を使う男性的なアサナを、女性的アプローチで試みるという手もあります。孤独に黙々とアサナを究めるのではなく、二人一組で互いをサポートしたり、グループになってゲーム感覚でやると、苦手意識が弱まります。楽しい、心地よい感覚を味わいながら練習すると、いつもと違う発見があるでしょう。

「ハ」と「タ」を活かす

ハタヨガという言葉を知っていますか？　ハタヨガの「ハ」と「タ」は対極にありながら、互いに欠かせない関係にあるものを表現しています。たとえば「ハ」が太陽で、「タ」は月。「ハ」が吸う息で、「タ」は吐く息。ダイナミックな動きと、リラックス。活動と休息。

二つのバランスをうまくとると、本来あるべき方向へと進んでいくことができます。陰陽の両方を理解することで、太極（全体）が見えてくるのです。その二つの要素を合体させて心身を調和する実践が、ハタヨガです。

男女も「ハ」と「タ」の関係です。自分のなかの男性性、女性性を意識して、状況に応じて両方を受け入れれば、バランスがとれていき、自分自身だけでなく周囲との関係も、よい方向へ変わってくるでしょう。

ヨガをやっていくうちに、今まで意識していなかった自身の男性性に目覚めたという人もいます。「人に頼りがちだったけれど、重要な場面で『自分で決める』と思えるようになった」とか、「何事も率先してやるようになった」というように、変化を実感するケースが珍しくありません。

逆に、女性性に目覚めた人は、「他人に対する競争心がなくなって、マイペースで自分自身と向き合うことができるようになった」という場合も。いずれにしても、そもそも持っていた力が活性化された結果です。

アサナには、足腰や筋肉を使った男性的なものと、力を緩めてリラックスする女性的なものがあります。前者が得意な人は、往々にして後者が苦手です。逆に柔らかさが求められる後者が好きな人は、前者が苦しいと感じます。

自分がどちらのタイプか把握したら、意識して苦手なアサナに少しずつ挑戦していきましょう。不得意なものを意識的に受けいれると、「ハ」「タ」のバランスがとれていきます。そもそも人間は両性の要素を持っているのですから、自分のなかにある二つの性を目覚めさせてみると、エネルギーが活性化していくのです。

ヨガの練習を続けていくと、考え方も生活もシンプルになっていく時期を経験します。本当に嫌だと思うことをやめたり、疲れる人間関係を整理したり、体によいものだけを決まった時間に食べたり。

それ自体はよいことですが、シンプルになればなるほど男性性のほうへ傾いて、女性性が隠れてしまう場合があります。

最近、あまりときめいていない、感動が少ない、まわりがはしゃいでいるのを見てやけに冷静になるという人は要注意です。シンプルになりすぎて「休日はヨガのレッスン以外には外出しません。趣味は瞑想です」なんて言い出すようになったら、男性性が強くなっているサインです。

そんなときは、美しいものに意識を向けたり、新しいことに挑戦してみるのがよいでしょう。リラックスして新鮮な喜びを味わうことで、女性的な側面が輝いてきます。アサナの練習で体の中心点をさがすように、男性側に傾いた重心を女性側に少しだけ戻してみるのです。

いずれにしても大事なのは、自分のなかの男性性と女性性をちゃんと意識すること。その時々の状態に応じて二つの性を使い分け、日常の行動に幅を持たせてみましょう。

自分の意志で自由にスイッチを切り替えることができると、周囲と衝突することなく、物事は進んでいきます。

CHAPTER 6

『ヨーガ・スートラ』を実践してみる

ゴールに向かう八つの段階

さて、少し専門的な話をしましょう。ヨガとつきあっていきたいという人はぜひ知っておいてほしいことです。

多くの人は、ヨガ＝体を動かすことと認識していると思いますが、それはヨガの実践のほんの一部です。アサナの練習をしていない時間もふくめて、どのように生きるべきかを追求し実践することが、ヨガの本質です。

『ヨーガ・スートラ』という、紀元前の聖人パタンジャリが編纂した、ヨガの教科書中の教科書ともいえる経典があります。このなかには、ヨガ的に生きるための道しるべが記されているのですが、それによれば、アサナはヨガの実践の一部とされています。「八支則（アシュタンガ）」とよばれる八つのステップを経ることで、最終的なゴールである「心の働きを止滅すること（サマディ）」に至るとあります。心の働きがあるからこそ、私たちは物事を間違って認識したり、思いこみで判断したりしてしまいます。苦しみや不幸の原因となる心の働きから解放されるのがヨガの目的だという考えに基づいて、古代インド人は修行を重ね、神に近づこうとしました。

詳しく知りたい人はぜひ専門書を読んでみていただきたいのですが、ここでは、専門知識のない人にもできるだけわかりやすく伝えることを主眼において、説明してみます。ヨガを深めるということはどういうことかを理解していただけると幸いです。

①ヤマ（禁戒：行ってはいけないこと）

・暴力をふるってはいけない（行動、言葉や思いが攻撃的にならないように）。

・嘘をついてはいけない（言葉と行動、思いと行動を一致させる。誠実であることが誰かを傷つけるときは、口数を少なくする）。
・盗んではいけない（目に見えるものだけでなく、時間、喜び、成果など、その人が持っているすべてのものを奪ってはいけない）。
・性欲をふくむすべての欲求におぼれてはいけない（愛情と誠意ある性生活をおくる。自分自身のエネルギーを無駄に消費しない）。
・物欲にとらわれない（余計なものを持たず他者と分けあう。むさぼってはいけない）。

② ニヤマ（勧戒：行うべきこと）

・清潔に保つ（心身、身近な環境をきれいにする）。
・必要以上に望まない（与えられたもの、置かれた状況に常に感謝する。足るを知る）。
・自らに課したことを行う（目標に向かって鍛錬し、常にそのときのベストをつくす。積極的に物事に向かう姿勢を持つ）。

・精神の向上をめざす（自分自身を正しく理解し、必要なことを学習する）。
・献身的な気持ちを持つ（生かされていることを意識し、感謝の気持ちを大切にする）。

③アサナ（坐法：ヨガのポーズをすること）

・さまざまなポーズを通して、意識を内側に向ける。
・体を動かすことで、浄化と活力を得て、健康管理をする。

④プラーナヤマ（調気：呼吸法のこと）

・呼吸を意識的にコントロールすることによって、気（プラーナ）とよばれる生命エネルギーを取り入れ、全身に行き渡せる。エネルギーを取り込むことによって、マインドのバランスを調え、落ち着かせる。

⑤プラティヤハラ（制感：感情を制御すること）

・散漫しがちな心を集中させ、外の刺激に影響されず、意識を内側に閉じ込める。
・五感（感覚器）からの感覚を冷静に受けとめる。

⑥ダーラナ（凝念）

・心をある一点にとどめることで、心の平安を得る。
・呼吸と視点に集中させたり、アサナをとりながら、体の一部に意識を集中する。

⑦ディヤーナ（静慮・瞑想）

・一点に集中していた心が、対象と同化する状態。普遍的な意識とつながる。
・静かな心であらゆる現象を観察しつづける。

⑧サマディ（三昧：一体感）

・深い瞑想によって悟りの境地に至ること。心の働きが止滅し、自分自身が消え、世界と一体となった融合感。

①〜④は、「ハタヨガ」と呼ばれる領域で、簡単に言うと、行動面におけるヨガ的ありかたをさします。多くの人がヨガと聞いて思い浮かべるアサナの練習だけでなく、呼吸法、そして、どうやって日々を過ごすかを追求せよ、という教えです。何を食べて、どうやって排泄するか。どんなことに積極的に接して、何から距離を取ろうとするか。どう人助けして、どう自分自身が助けてもらうか。そのような毎日の実践のなかに、「ハタ」があります。行動をとおして意識する、意識しながら行動する領域です。

ヨガの根本経典などの概念が確立したのは約二〇〇〇年前と言われています。一方、ハタヨガの技法が確立されてきたのは今から数百年前ですから、哲学としてのヨガのほうが歴史は古いということになります。

さて、⑤～⑧は、「ラージャヨガ」（王様のヨガ）と呼ばれる領域で、意識の変化にフォーカスをあてる実践です。ハタヨガを重ねると、意識の変化という果実が実るという考え方です。

たとえば、普段の生活ではやらない体の動き（アサナ）を実践することで、体の変化を感じとるセンサーが磨かれ、意識が自分の内部に向くようになりますが、その効果のほうを恩恵と認識しているのです。

アサナの練習をやればある程度、体は柔らかくなります。けれど、それは過程であって目的ではありません。アサナを完ぺきにマスターするのが最終地点であるなら、それは「アサナにとらわれている」ということ。むしろ、自分の体、意識がどう変わるのかを感じるのがヨガなのです。努力を重ねるなかで、ふと気づきが「やってくる」感覚を、ぜひ味わってください。

あなたがヨガの初心者だったころを思い出してみましょう。そのときよりも、体の声を聞くことが上手になって、集中力も増していないでしょうか？

ハタヨガは、心身が正しく目覚めるための準備運動だと考えてください。ヨガを自分なりにやっていくことで、なるほどと思うことが出てくるでしょう。

理解すべきポイント

さて、ここからは主要なポイントを具体的に見ていきましょう。宗教的な背景を持たずヨガと親しんでいる現代人に、『ヨーガ・スートラ』は何を教えてくれるのか。私なりの解釈をもりこみながら、八支則のポイントを解説していこうと思います。

①の「暴力をふるってはいけない」「嘘をついてはいけない」から見ていきましょう。『ヨーガ・スートラ』はすべてのものに対していかなる状況においても、暴力的な行為をしてはいけないといいます。身体的な暴力のみならず、人を傷つける言葉、さらには「あいつ不幸になればいいのに」「仕返ししてやる」などという考えすら抱

いてはいけないと言います。

暴力行為は犯罪ですから論外ですが、コントロールが難しいのは「思い」のほうです。ストレスがたまっていると、感情はネガティブになっていきます。思いがけなく暴力的な衝動がわき上がってきたら、どうすればよいのでしょう。

私は、暴力的な感情はよくないという基本は理解しつつも、できる範囲で守ればそれでよいと思います。

前述の、夫に八つ当たりしてしまう女性の話を思い出してください。衝動的に怒りがわきあがっても、「ごめんね、八つ当たりして」と念じて、アサナの練習をしていましたね。こんなふうに、気持ちの乱れをいち早く自覚し、手綱を締め直すことが大事です。完ぺきではない自分を受け入れ、そのときできることをしましょう。できなかったことにいつまでも拘泥して、とことん落ち込んでいくと、自分を傷つけます。「暴力をふるってはいけない」相手は、自分自身も含まれます。

頑張る気持ちがあると前進しやすいですが、厳しいだけではいつか心身にトラブルが生じます。インストラクターが生徒さんのペースを無視してスパルタ方式で教えたり、自分を追い込むような練習を続けたりすることも、ヤマの観点から言うと、避けるべきということになります。

さて、「嘘をついてはいけない」はどうでしょう。社交辞令を言うことは、誰にでも多少はありますね。「つまらないものですけれど」と贈り物を手渡すところから関係が始まるのが日本の文化。建前と本音の使い分けがあるからこそ人間関係がうまくいく場面も多々あります。それは悪いことではないと私は思います。

かえって誠実に表現することが相手を傷つける場合もあります。嘘をつかないという決めごとには、言う必要のないことは言わない、適切なタイミングで適切な表現で伝えることもセットだということを知っておくべきです。

「物欲にとらわれない」という教えはどうでしょう。道を歩いても、電車に乗っても、スマホを手にしても、さまざまな情報が目に飛び込んでくる世界に私たちは生きています。そんななかで物欲と無縁でいるのは至難の業です。山に籠もっていた昔の修行僧よりもある意味、難しい環境で生きていると言えるかもしれません。

私は、「とらわれない」という教えを、それができるなら遠ざけてもよいし、そうでないならうまくつきあっていけばよいと解釈しています。

たとえば、あなたがバッグが欲しくてたまらないとします。本当に気に入ったものを見つけたら、そして手に入れることのできる条件がそろっていたら、買えばよいと私は思います。どうしても必要かどうか自問して、答えが「やっぱり必要」なら、手に入れるべきものなのです。「欲しい、でもどうしよう」「どれがいいだろう?」と悩む時間はそこで終わります。

買うと決めたら、そのために仕事を頑張ったり節約するのも、ちょっとした楽しみになるでしょう。物欲があることではなく、それによって振りまわされなければ、それでよいのではないでしょうか。

さて、②のニヤマは自分自身への戒めを指し、日常で実践することで自分自身を磨く段階です。

「必要以上に望まない」に注目してみましょう。たとえば、「私が料理したんだから、あなたが皿を洗って当然」「洗濯したのは私。だからあなたが掃除して」などと言って夫婦げんかする人がいます。つい、見返りを求めてしまうのです。

職場でこういう会話が交わされるのは問題になりません。労働力、役割分担、報酬で成り立っている場においては、感情的なものが排除されるしくみが一定的に働いているからこそ、機能的にまわります。むしろ、この三つがあいまいで「言わなくてもわかるだろ」がルールという職場のほうが問題です。

ところが家庭や生活の場が交渉事だらけだと、ギスギスしていきます。とりわけ女性はストレスがたまると、目の前の出来事から離れて、いろいろな物事をつなげて考えてしまう傾向があるように思います。「頑張っているのにどうしてわかってくれないの?」という気持ちが根底にあるからこそ、このような反応になるのでしょう。

一方、男性は目の前で起きている物事について議論すべきだと思っているので、

「あなたは、あのときもそうだった。このときもそうだったじゃないの」と言い募られると、寝耳に水です。急に妻から離婚を申し入れられて面食らったという男性が時々いますが、女性からすればチリのような不満が積み重なっていった結果だったかもしれません。

女性も男性も、行動の意味づけから離れることが大事です。「自分がしたい。だからやろう」と、それだけを思って行動しましょう。シンプルに考えればよいのです。「美味しいものを作りたい」と洗いものを誰がやるかは、つなげない。見返りを求めない。これが、自然体で楽しめるこつです。

さて、③は、心身が安定した状態でアサナを行うことです。体の部位、目線（ドリスティ）、バンダ（エネルギーのコントロール法。骨盤底筋、腹部、喉の特定の場所を締める）、呼吸を意識して、体を動かすなかで心身の変化を敏感に感じること。多くの人が「ヨガ」と聞いて通常イメージするものが、これにあたります。競技スポーツのような勝ち負けの概念はここにはありません。自身とひたすら向き合うことで、心と体がつながりバランスが安定してきます。

④のプラーナヤマというのは、呼吸法です。肉体には生命エネルギー（プラーナ）が流れていると考えられています。アサナの練習で吸う・吐くのバランスが保てると、プラーナも活性化します。プラーナヤマによって、このプラーナの流れを整えることができるのです。

自然豊かな場所に行くと爽快な気分になりますが、これは自然が持つエネルギーが呼吸を通して内部に入ってくるからです。森林や海辺で深呼吸しながらアサナの練習をすると、自分は生かされているという気持ちがわきあがってくることがあります。自然の恩恵を呼吸を通して享受することができるのです。プラーナヤマの実践については次章を参考にしてください。

⑤のプラティヤハラは、感覚を自身の内側にとどめて、コントロールすることを指します。アサナの実践によって制感が磨かれることによって、意識と体の伝達スピードは速くなっていき、行動が導かれていきます。

私たちは外部から入ってくる情報によって、多くの思考や行動を決定しています。たとえば、テレビでチョコレートのＣＭを見たら急にチョコレートが食べたくなったことはありませんか？　こういった外部から入ってくる情報をシャットアウトするのがプラティヤハラの力です。何かに集中しているとき、御飯を食べるのも忘れて取り組むことがありますね。このように外からもたらされる刺激に自分を反応させないのが、プラティヤハラです。

怒りっぽい人がそばにいるときは、プラティヤハラで乗り切ってみてはどうでしょう。相手の悪態に意識が引っ張られると、怒りが伝染してしまいます。悪口を聞かない、あるいは聞いているふりをしながら内容は自分自身に取り込まない。これが肝要です。

さて、⑥～⑧は「サンヤマ（統制）」とよばれるものです。この三つは、一連の流れとして生じます。

⑥のダーラナは集中です。ふだん私たちは一度に複数のことを考えながらこなしています。洗濯物をたたみながら、目をテレビに向け、頭では今晩の献立を考え……というように。ダーラナは、そのような状況からひとつのポイントに注意を向けることです。集中力が増してくると、自由自在に考えたいこと行動したいことへ即座に意識を向けることができます。

例をあげてみましょう。ついさっき、あなたは嫌なことに出くわしました。いつもなら彼氏に電話してグチを聞かせるところですが、今日は思いとどまりました。そんなことをしても気が晴れないことがわかったからです。そのかわり、気分転換に料理をしようと決めて買い物に出ました。これはまさにダーラナが働いた結果です。

意識は瞬時に動きます。「今度の連休、どうしたい？」と聞かれたら、すぐ「ここに行きたい!」「どうしよう?」と考えることができますよね。同じように、「一番、腹が立ったことって何?」と聞かれたら、忘れていた苦い過去がふいによみがえってきます。

意識は、あなたを現在の場所から有無を言わさず連れ去っていく力があり、そのパワーは強力です。つらい思い出はときに、長らく人を苦しめます。出来事自体は終わっているのにずっと嫌な気持ちが消えないのは、過去に意識がくり返し戻っていくからです。引きずられたくないと思ったら、自分の手綱をにぎる。このときに、ダーラナが必要となります。

アサナの練習を例にとって、さらに説明しましょう。インストラクターが、「肩の力を抜いて。腕を伸ばして。お腹は緊張しないで……」とガイドしているとき、生徒さんにはどんなことが起きているのでしょう。

生徒さんは肩、腕、お腹に次々とスピーディに意識を向け、動きを自身の内側から探っています。インストラクターがそうさせているというよりは、本人が意識の向け方をコントロールしているのです。これがダーラナの状態です。呼吸の流れ、視線、体の伸び、重心のかけ方……。体のさまざまなありようを感じとるうち、意識と体がつながっていき、いつしかマットに立った瞬間に、自動的に体を意識することができるようになります。

マットの上にいないときもダーラナを磨くことはできます。歩いているときにも、お風呂に入っているときも、自分の状態をどう感じているか、呼吸は浅くなっていないだろうか、考えても仕方ないことにとらわれていないだろうか、といった問いを投げかけるたび、意識は覚醒していきます。体と意識が近付いていくのです。

嫌なことを思いだしそうになっても、「そっちには引っ張られないぞ」と自分でコントロールできますか？　アサナの練習中に「これ以上は怪我をするからやめよう」と自分の声を聞くことができますか？　それができるときはダーラナの状態にあなたはあります。

さて、⑦のディヤーナ（瞑想）はどういうことでしょうか。

アサナの練習では、ダーラナの実践を積んでいくと、体の各部位へ意識が向かうスピードがどんどん速くなっていきます。そのうち、自分の体全体を立体的に感知できて、体に包まれている感覚が訪れます。

時間差で体の部分に意識を向けていたのが、あるときいろいろな部位が一度に意識にあがってくる瞬間があります。これがディヤーナです。アサナのポイントがつかめたなと思ったら、いったん何もかも忘れてリラックスしてみてください。すると、ふわっと体全体が意識に迫ってくるような感覚がおとずれます。

ダーラナは、意志をもって対象に向かっていく状態ゆえ交感神経が優位になりますが、ディヤーナはこれとは逆です。あたかも対象に向けた意識が、自分のほうに向かってくるような感覚を味わうため、このときは副交感神経が優位になっています。

アイアンガーヨガを考案したインドのB・K・S・アイアンガー師は、ディヤーナを深い眠りに似た状態と表現しています。鋭敏な意識で起きているけれど眠っているかのような状態で、心底リラックスしているときに訪れるものです。

少林寺拳法には「八方目」という技があります。相手の一挙手一投足に焦点をあわせると、不意の攻撃をかわすことができません。ところが、前を向いたまま、できるだけ広い視野を持つと身を守ることができます。そのような意識の状態が、ディヤーナの感覚と似ているでしょう。

お手玉でも同じです。お手玉を二つ三つ操ろうとするとき、その一つひとつを目で追っていると失敗しますね。心を落ちつけて、すべてのお手玉が動くところをひとつの景色としてぼんやり眺めると、うまくいきます。このとき、目の前の光景がまるごと、あなたに向かってくるような感覚が生じます。これがディヤーナです。

ちなみに、アスリートは、集中状態が高まると、周囲の動きがゆっくり見える、ボールが止まって見えるというような体験をしています。

スポーツの世界ではこの状態を「ゾーン」と呼びますが、これがヨガで言うところのディヤーナです。

よくわからないという方は、ためしに明日から毎朝一〇分、静かな場所で座って目を閉じてみましょう。最初はいろいろな想念が勝手にうかびあがってくるでしょう。それを払いのけるのではなく、その状態を受け入れてすべてを観察してみてください。思いや感情が流れていくのを、静かに眺めているようなイメージです。感想を持たず、判断もせず、考えが浮かんでもただそれを見るのです。

思考が気流なら、あなたは台風の目。どういう流れで考えが移り変わっていくだろう？　と眺めてみましょう。すると、今この瞬間の自分がどういう状態かがわかるようになります。「少しイライラしているな」とか「今日は気分が冴えているぞ」といったように。その気づきがあれば、自身の立ち位置の中心点をさがそう、ニュートラルなコンディションを取り戻そうという意識がめばえます。

さらに、瞑想していると、これまで思いつかなかったアイディアや言葉が天啓のように降ってくることがあります。根性と意志の力で見出そうとしなくても、必要なヒントが向こうから「やって来る」のです。これがディヤーナの状態です。

余談になりますが、私が最初にディヤーナとは何かを実感をもって理解したのは、キリマンジャロに登頂した三〇代のときのことでした。どんなに大変かまったく知らないまま登って、苦しかったものの貴重な体験をしました。天候は変わりやすく、体力的にも苦しいし、仲間はどんどん先へ行ってしまう。山頂を仰ぎ見て、「まだあんなに遠いのか……」と、げんなりしてしまうような、それはそれはつらい道程だったのです。

体力の限界が近付いたとき、ふと一番楽な登り方はどういうものか想像してみました。頭に浮かんだのは、長く険しい山道を一歩一歩かじりつくのではなく、同じ場所で足踏みをできたらどんなにいいだろう？　ということでした。するとそのとき不思議なことに、山頂がひとりでに降りてくる感じがして、もう苦しみはなくなっていきました。

ディヤーナは瞑想という意味ですが、何も異世界へトリップすることではありません。心と頭を静かに保ち、意識は覚醒したままで「ここにいる」ことなんだ、とそのときわかりました。

困難を抱えたら、ディヤーナ的に発想すると気持ちが楽になります。たとえば朝起きて、歯を磨いて、洋服を着るとき、なぜそれをやるのかいちいち意味を問う人はいません。プレッシャーで前夜眠れないなんていう事態も起きないでしょう。

あなたが何か不安を抱えていたら、いったんそれを歯磨きと同じものだと考えてみましょう。そして、行為そのものにまとわりついている心理的な負担を切り離してみましょう。見返りを求めない。賞賛を得ようとしない。成果を期待しない。実現してみせるぞ、と気負わない。

つまり、自分から追いかけることを一切やめ、ただ行動を継続させるのです。するといつの間にかゴールが近付いてきて、物事がスムーズに進んでいくでしょう。

さて、最後のサマディ⑻は、対象と主体が一体となる状態です。世界と自分の境界線がなくなり、エゴが消え、不安や悲しみ、ストレスから解放された感覚をいいます。リラックスして意識を研ぎ澄ませれば、サマディを感じとることができます。

音楽家は演奏中、「私が、演奏している」という感覚が消えて、音楽そのものと一体化する瞬間があると言います。気がつくと「こういうふうに演奏しよう」「こうしなくては」というあり方から解放されていて、音楽が奏でられているという現象だけがそこにあるといいます。

あるサッカー選手は、こんなことを私に教えてくれました。試合中、すべてが止まっているように見える瞬間があるそうです（「ゾーン」の状態）。大きな歓声に取り囲まれているはずなのに、なぜかとても静かに感じられ、シュートする前にボールがゴールポストに入ることが直感的にわかるのだとか。別の次元の何かが自分の体をつかってシュートしている、そんな感じだそうです。これもサマディの状態です。

ところで私はレッスンの最中にサマディを体感しています。私自身は体を動かさないのですが、たとえば一〇人の生徒さんがいたら、その一〇人の体をつかって自分がヨガをやっているような感覚になります。体の柔らかい人もいれば、四苦八苦しながら動いている人もいます。腕を上げるという単純な動きひとつとっても、みんな違います。それぞれの感覚を体感しようとしているうちに、そのうち感覚がひとつの大きな存在として私の意識に入ってくるのです。そのときと不思議に穏やかな気持ちになります。

一点に集中して動く（ダーラナ）。リラックスして瞑想的に動く（ディヤーナ）。体全体、自分自身が大きなものと一体化する（サマディ）。この三つの感覚を意識がしっかり学習できると、それぞれの感覚を自在にドライブできるようになります。

ヨガをやっていくことで「このことかな？」と感覚的にわかってくるので、この本を読んでも意味がわからないという場合でも、心配しないでください。

サマディまで道のりは人それぞれ。ときには、クラスの生徒さんと一緒に、自分の体験や意見を交換しながら、一緒に考えていくのも面白いでしょう。その経験が、いつか見知らぬ誰かの気づきにつながるかもしれません。

現代の『ヨーガ・スートラ』とは何か?

私たちは、『ヨーガ・スートラ』が書かれた時代とはまったく違う世界に生きています。ですから、すべてを厳格に守ろうとするのではなく、現代人に必要なものをピックアップして活用することが大切だと思います。

忙しい日々のなか、練習時間も限られますし、規則正しい生活をするのは並大抵のことではありません。そんなときには完璧でなくても、「やらないよりはいい」という心構えで実践してもよいのではないでしょうか？　ヨガをやることが目的ではなく、快適にすごすためにヨガを上手に利用するというフレキシブルな発想があってもよいと思うからです。

『ヨーガ・スートラ』は長い歴史と人智の結晶ですが、教義を厳格に守ることだけがゴールではないと思います。「正解はこれだけ」と信じてしまうと、どうしても人を支配したい欲望が生まれてしまいます。

2017 年 9 月長崎県でのアシュタンガヨガ指導者養成コースの会場、日蓮宗長昌山法妙寺にて

たとえば、何か自分が健康的なことをやっていたら、人にすすめたくなるのは人情ですね。でも、思いが強すぎて、「これをやらなければダメになるよ」という言い方で押しつけたら、それは不健康です。たとえそれが『ヨーガ・スートラ』であっても、です。

ヨガは教義ではありますが、生活の指針という側面もあります。教義が何千年もへて今に伝わっているのは、時代にあわせて応用してきた人々がいつの世もいたからです。

『ヨーガ・スートラ』は使い方次第。あなたの生活、ひいては社会や自然環境をよりよくするためにフレキシブルに活用してこそ、その恩恵は生きるのだと思います。

さて、あなたは、どんなふうに八支則を活かしますか？

CHAPTER 7

意識を味方につける

意識はナビゲーション

この章では、意識の働きについて考えてみようと思います。

私は一時期、朝二時に起きてアサナの練習をやり、食にもこだわってストイックなヨガ人生を送っていました。ベジタリアン、ビーガン、ローフード、マクロビ、ジュースタリアンと次々にためすうち、どんどん体重が落ちていき、意識が覚醒していったのを覚えています。そのころは、クラスにやってきた生徒さんを一瞬見ただけで、何を考えているかが意識に飛び込んでくるようでした。

今はそのような生活はしていませんが、第六感的センスがなくなったかといえば、そうではありません。今もストレスがある人を見れば瞬時にわかります。ヨガをまったく知らない人でも、初対面で「ヨガ的な生活をしている人だな」とわかることもあります。

意識には学習能力があります。一度、「こういう感じ」と覚えたら、環境が変わっても、あなたをその状態に導いてくれます。たとえば、今までできていたアサナがあるときできなくなることがあり、それが何かのきっかけで再びできるようになる場合があります。これは、できていたときの感覚が意識によって参照されたからです。

イライラしても仕方のないことで頭がいっぱいというときも、穏やかな心の状態をしっかりと体験したことがあれば、その記憶に導かれて、カーナビの履歴のように、意識がもとの健康な状態を参照し、軌道修正してくれます。「そっちじゃないよ。こっちだよ」と行き先を告げてくれるのです。

ルーティンには意味がある

意識は同じことの繰り返し、つまりルーティンを通して磨かれます。太陽礼拝を例にとって説明しましょう。太陽礼拝はアサナの順番が決まっているので、毎日繰り返すと、「今日はどうも体が重い」などということがわかります。同じ動きではあっても、二度と同じ体験、感じ方を得られることはありません。日によって体調によって違いますし、生まれてはじめての太陽礼拝と一〇〇回目ではその内容がまったく異なります。データベースが重なっていくと、動きとともに得られる中身が濃くなっていくのです。

その過程を経ていくうちに、やがてアサナと自分自身が一体化していきます。マットの上に立った瞬間に、その日どんな太陽礼拝になるかが直感的にわかるようにもなります。つまり、未来が向こうからやって来る、ディヤーナの感覚を味わうことが可能になります。

音楽家は、譜面を眺めたり、同じフレーズを愚直に練習したりするような地味な作業に、膨大な時間を費やします。繰り返しによって意識と体の距離を近付け、「こういう感じ」というデータベースを蓄積していくことで、自然に音を奏でられるようになるのです。

生活ではなく、意識を変えてみる

さて、意識が磨かれると、小さなことにも感動できるようになり、ふだんの生活ががらりと変わります。意識を磨くには、変わり映えのないように見えることやルーティンをより味わうことが、有効です。

最近、どうにも退屈しているという人、停滞ぎみだという人は、最低一日一〇回、最初はかたちだけでいいから感動してみることをおすすめします。

意識を目覚めさせるのですから、大げさなくらいがちょうどよいです。毎朝、目が覚めた瞬間に、「うわっ、朝が来た！」と声に出してみましょう。毎日、朝はやってきますが、それもあなたの寿命がつきるまでのこと。今朝がその貴重な一回であることを、思い出してみましょう。

感動する対象はなんでもよいのです。今すぐにでも当たり前になっていることを、あえて味わってみましょう。アクセルをふんで、感動するきっかけに積極的にふれてみると、不思議と前向き思考になるでしょう。マンネリは人を劣化させます。

問題の渦中にまきこまれているときにはいくら前向きになろうとしても、なかなかできません。無理にエンジンをかけても、あとでひずみが生じてしまうだけ。だから、ふだんからできるだけ、前向き思考を鍛えておくのがよいのです。

意識が認識したものは、時間がたっても環境が変わっても失われません。ふだんから「心地よいコンディションはこれだ」と意識レベルで理解していると、自分を見失いそうなときであっても、戻るべき方角がわかるでしょう。

ちょっとした意識の変化で変わってきます。年齢に関係なく、ときめきモードのスイッチを入れる訓練を日頃からして、物事を味わってみましょう。

呼吸と意識をコントロールする

さて、意識を磨くうってつけの方法は、『ヨーガ・スートラ』でいうところのプラーナヤマです。

あなたは自分がどんなふうに呼吸しているか、意識したことはありますか？　緊張すると、誰でも呼吸が自然と浅くなります。そんなときは、一度立ち止まって深呼吸すると、少しこわばりがほぐれます。私たちは、忙しい合間に美味しいお茶を飲んだとき、ほ〜っと息をもらします。誰から教わったわけでもないのに、呼吸によって自分自身をニュートラルな状態に戻そうとしているのです。

息を吸うと交感神経が高まり、吐くと副交感神経が優位になります。前者にはエネルギーチャージの効果が、後者はクレンジングの役割があります。

吐く息が長くて強いというあなたは、自分を後回しにして誰かを優先してしまう傾向がありませんか？　そんな自分に気づいたら、意識して吸う息も長めにしてみましょう。一方、吸う息の長い人は、物や思い出を手放すのが苦手なタイプかもしれませんね。そういう人は、意識してゆっくり息を吐くことを習慣づけてみましょう。あるいは、何かに夢中になりすぎたり、イライラしていたりするときも、吐く息を長くしてみましょう。そうすると、気持ちが落ちついて、いつもの自分らしさが戻ってくるでしょう。

「ハタ」の観点から言えば、吸う息と吐く息のバランスがよいほど、エネルギーが活性化します。意識的にたくさん息を吸い、たくさん息を吐くと、不思議なことに、思考や感覚も本来のバランスを取り戻します。

ためこんだ不要なものを捨て、長く使える品質のよいものを買う。重すぎる人間関係を整理して、本当に大切にしたい物事のために時間を割く……。呼吸だけでなく、こういった新陳代謝のなかでも「ハタ」が磨かれ、エネルギーが活性化していきます。

さて、プラーナヤマの際、おすすめは鼻呼吸です。鼻から息を吸うと、鼻穴の粘膜をとおして空気が通るたびに細胞が刺激され、活性化します。それによって意識の感覚が鋭敏になります。意識が敏感になると五感から入ってくる情報をキャッチしやすくなり、相手の心の動き、話を理解する力もアップしてくるでしょう。

誰にでもできる方法を参考までに紹介しましょう。落ちついて座って、体のこわばりをほどいてから行います。目を閉じて、次のようにやってみてください。

① もらって嬉しいものを具体的に想像してください。たとえば、預金通帳の残高がどんどん増えていくところを思い描きます。そして、「幸せ！　うれしい！」という気持ちで、ゆっくりと肺いっぱいに空気を吸い込むようにします。

②吐くときは、自分のなかでいらないと思うようなものを惜しみなく手放すイメージで。お世話になりました、ありがとう、さよならという思いを存分にこめて、息を外へ出しましょう。

これを一〇分繰り返します。

吸う息と吐く息の量を同じにするには、次のやり方がよいでしょう。こちらも目を閉じて行います。

①ゆっくりとした八カウントで、息を吸えるだけ吸いましょう。できるだけ味わってください。

②息を四秒ほど止める。その間、よいものが体一杯にひろがっていくところをイメージします。

③八カウントで、吐けるだけ吐いてみましょう。自然に空気が抜けていくような感じで。

④　吐ききったところで、四秒ほど息を止めます。いらないものを手放して、どんどん自分の内部がきれいになっていくところをイメージしましょう。

これを五分繰り返します。

意識で体を動かす

今度は、意識をコントロールして動く練習をしてみましょう。

息を吸いながら、両腕を上へあげてみてください。そして、吐きながら両腕をおろします。

一回目は指先を意識して、これを行ってください。

二回目は肩を起点として腕全体をあげて、おろすように。

三回目は肩甲骨のまわりの筋肉をつかってあげてみましょう。おろすときも同様です。

そして、四回目はおへそから動くイメージで、両腕をあげて、おろしてみてください。

同じ動作でも感覚が変わりませんか？　四回目が一番、腕が軽く感じられませんでしたか？

体の中心を意識すると胴体が土台として安定し、腕をあげるのが楽になります。脚を伸ばすときも、おへそ（体の中心）から脚を伸ばすイメージで動くと、アサナは安定します。

意識を向ける場所が変わると、動きも変わってくるのです。

体に痛みがあってふだんどおりヨガができないときは、痛みのある部分を刺激しないように意識して、サポートしながらゆっくり動いてみましょう。つい故障が生じている部分をなんとかしようとしがちですが、痛みのある箇所でなく、そこにつながる他の部分を意識してみると楽に体が動くことがあります。

たとえば五十肩。肩を動かしてこわばりをほぐそうとしたり、いつもの調子でアサナをやり続けると、痛みが長引いてしまいかねません。

そんなときには、どうすればよいか。

腕をあげるといっても、そのポジションに至る経路はいくつもあります。人間の体は機械とはちがって、さまざまな動きに複雑に対応するようにできています。ですから、肩で動かすというよりは、首の後ろから、肩、そして肩甲骨の領域につながる僧帽筋という大きな筋肉をつかってみてください。肩という「点」を、僧帽筋という「面」をつかって動かすのです。

このように部分的な故障を全体でカバーすることができます。そのときに必要なのが、意識の向け方なのです。

体の動きから意識にアプローチすることもできるし、意識で体の動きを変えることもできるということを、わかっていただけたでしょうか？

意識を自在にコントロールし、もっとも負担のない理想的なありようを探求してみてください。

CHAPTER 8

ヨガの未来

スポーツ選手が教えてくれたこと

これまで私は主に、ヨガをやりたいという人のためにレッスンをしてきましたが、最近では、異分野の領域からアドバイスを求められることが増えてきました。

たとえばこれまでも企業などに呼ばれてレッスンをしたことがなかったわけではありません。そのときは、あくまでもストレスマネージメントの一貫として、リフレッシュの機会を社員に与えてほしいという趣旨だったのですが、昨今はそれとは違う目的でヨガに注目が集まっています。

スポーツの世界でヨガが注目されていることはご存知ですか？　二〇一六年に『長友佑都のヨガ友』（飛鳥新社）という本が話題になったので、サッカー選手がヨガをやっていることを知った人は多いかもしれませんね。サッカー以外にも、野球、サーフィン、素潜り、相撲の世界ではすでにプロが心身のトレーニングの意味でヨガに取りくんでいます。

ヨガの語源には「つなぐ」という意味がありますが、体と意識をつなぐこと、あるいはチームと連携することが重要なスポーツにとって、ヨガはもってこいです。また、既存のメニューに取り入れやすいヨガのメソッドを提供できれば、アスリートのパフォーマンスアップは不可能ではありません。

私は、二〇一五年にアスリートに適切にヨガ指導できる人材を育成するため、アスリートヨガ事務局を立ち上げました。

アスリートが求めるヨガの目的は大きく言うと、二つあります。一つは、トレーニング効果を増幅させるための「レバレッジ・トレーニング」です。選手の資質やトレーニングの蓄積を底上げする、いわば強化型の指導です。

たとえば、ウォームアップ前にアサナや呼吸法をやってエネルギーの巡りをよくしたり、関節の使い方をイメージしてもらったりすると、競技やメンタルによい効果をもたらすことができます。

もう一つは、「リカバリー」です。筋力や柔軟性を高めるだけでなく、休息の意味においてもヨガは効果的。酷使した筋肉や関節をメンテナンスし、いかに次の練習に疲労を持ち越さないようにするかに気を配り、コンディション調整するために、ヨガをヒントにするわけです。

トップアスリートは、体力の効果的な使い方や、アクセルとブレーキの切り替えが上手です。身体の中心に意識を向けて体幹を感じたり、集中力を発揮したり、相手の出方を察知して即座に反応したり……。私から見ると、トップと言われるような運動選手はまるでヨガをすでにやっているかのようです。

自律神経のバランスをいかに整えるかということも、彼らの大きな関心事。大事な試合前にはプレッシャーとストレスで、脳や心理によくない影響が出ることがあります。それによって不眠になってしまえば、集中力が落ちて、怪我のリスクが高まるだけでなく、効果的なパフォーマンスも期待できなくなるでしょう。

負のスパイラルを断ち切るのは、自律神経の仕事です。そしてたとえ失敗しても、気持ちをリセットして前向きになれるかどうかも、自律神経が関わってきます。ヨガによって、メンタルと体の両方によい効果をもたらすというのが、スポーツ界で注目される理由だと思います。

ヨガのためのヨガではなく、相手が望んでいるものを支えるヨガとは何だろう？ということが、昨今の私の大きな関心事です。

ある大学のアメリカンフットボールのチームに呼ばれたとき、こんなことがありました。彼らは二日前に試合に負けて、大変しょげていたのですが、そのことを私は知りませんでした。そのときたまたま、どんなことがあっても諦めずにベストをつくすとはどういうことかについて話をし、モチベーションをあげることを目的にアサナの練習をしてもらいました。レッスン後、総監督が言うには、意気消沈していた選手たちが、俄然前向きになってフットボールの練習に取り組んだそうです。偶然ではありましたが、自分がした話はあのときもっとも選手が知りたいことだったのです。

どの部分にヨガが入り込めるかを見極め、ニーズに合ったかたちでヒントを提供することが今求められています。本来の活動を損なわず、その流れを邪魔することなくこれまで以上のパフォーマンスを得るために、ヨガは何ができるのか？　その問いが、新しいヨガの可能性をひらくことになるかもしれません。

ヨガのためのヨガではなく

これまで約五〇〇〇人以上ヨガの指導者を育ててきましたが、ヨガ以外の世界でも活動できる人材を育てるのは、私にとって新しいチャレンジでした。

指導者は、「ヨガとはこういうものだ」という発想から自由になって、競技のエッセンスを熟知した上で、もっとも求められることを教える必要があります。

サッカーのトレーニングであれば、シュートのときに全身を支える体幹と筋力を鍛える、ぶつかられても倒れない柔軟性を獲得するなど、個々の選手によって強化すべきポイントはちがってきます。

固定観念が先に立って状況に則さない間違ったヨガのトレーニングをすると、たちまちパフォーマンスに影響が出るでしょう。本来は緩めてはいけない筋肉を緩めたり、格闘技なのに戦闘的になるべき場面で心穏やかにしてしまったりしては、意味がありません。目的や価値観とズレたアドバイスは、危険ですらあります。それゆえ、つねにヨガの専門家が競技のプロとディスカッションしながら、最適なプログラムを提供していく必要があります。

たとえば、アメフトの選手に「息を吸いながら腕をあげて」と言っても、彼らは肩まわりが大きいので腕を真上にあげることが至難の業です。けれど、あがりきらなくても十分ストレッチ感があることを、ヨガを伝える側は知っておく必要があります。それを無視して、腕をあげきることを目的にしては本末転倒です。

テニスプレーヤーの場合はどうでしょう。右利きの選手はラケットを利き手でにぎっているため、体の右側の筋肉が発達しています。そこで、左側も同じように鍛える

上：法政大学アメリカンフットボール部の部員とともに。著者が代表理事をつとめる一般社団法人アスリートヨガ事務局の活動で、アスリートに対するヨガ普及がさらに活発化しつつある
下：霞ヶ関でもヨガ。2017 年 11 月、厚生労働省の健康局健康課にて。大臣官房審議官（健康、生活衛生、アルコール健康障害対策担当）の吉永和生氏、正林督章課長、原渕明課長補佐と、国民の健康について有意義なディスカッション。ついでに木のポーズにチャレンジしていただいた。さすが、出来るジェントルマンは背すじがピンしている！

と、好成績につながることがあります。

でも、場合によっては、別の発想も必要なのではないでしょうか。「ヨガにはバランスが大切」ということは間違ってはいませんが、そこにこだわりすぎて左側のトレーニングだけを目的にしてしまうと、試合に負けてしまうことがあります。

競技の特性、選手の事情や持ち味を生かすにはどうすればいいかを考えたサジェスチョンが必要です。

ヨガは、ないものねだりではなく、すでにあるものに目を向ける行為です。持てるものを育むにはどうしたらいいかが問われています。その発想は、相手がアスリートでなくても、ヨガを伝える側にとって重要ではないでしょうか。

インストラクターの意味

インストラクターとはどんな存在なのか。あるときヨガとは関係のない本を読んでいて、私は偶然そのヒントをもらったような気がしました。精神科の開業医で、終末医療をテーマにした小説も書いている作家の帚木蓬生さんのエッセイです。著者は、死にゆく人に対応する際に決まった方法がないのと同様に、家族のケアにもマニュアルはないと言います。では、物理的にもできることが限られているなかで、終末期の患者さんを看取った家族に、主治医ができることは何でしょう。

もっとしてやれたはずなのに、と後悔に苦しむ家族に対して、「あれ以上の介護と献身は、考えられません。主治医である私がよく見て知っています」と言ってあげること。そして、悲しみを封じこまれ、声を上げることもできない人がいたら、相手に向き合ってただ話を聞き、回復を辛抱強く待つ。これが「処方箋」だと言います。そして、重要なのは〈日薬〉と〈目薬〉の処方だ、とも。

「何事もすぐには解決しません。数週間、数ヵ月、数年、治療が続くことがあります。しかし、何とかしているうちに何とかなるものです。これが〈日薬〉です。

もうひとつの〈目薬〉は、点眼薬のことではありません。『あなたの苦しい姿は、主治医であるこの私がこの目でしかと見ています』ということです。（略）ヒトは誰も見ていないところでは苦しみに耐えられません。ちゃんと見守っている眼があると、耐えられるものです」（『ネガティブ・ケイパビリティ――答えの出ない事態に耐える力』朝日新聞出版）

この一文を読んだとき、私はヨガにもまた、日薬と目薬があるということに気がつきました。

どこへ向かうかわからないまま練習を重ねていると、知らないうちに新しい扉をあけていることがあります。つまり、ヨガでいう日薬は、「プラクティス、プラクティス、プラクティス。ワンデイ・カミング」の精神なのではないでしょうか。その先に、かつて夢見ていたものを手にしている自分がいるかもしれません。夢は手の届かない非現実的なものではなく、その日その日の状況のなかから目標を見いだしていく過程をさすのではないでしょうか。

一方、目薬とは、その道のりを誰かに見守ってもらうことだと思います。生徒さんに対してその役割を果たすのは、もしかしたらインストラクターかもしれません。どちらにすすめばいいかわからなくて悩んでいたら、「自分もそんなことがあったから大丈夫。心配しないで」という思いで見守ることが、目薬になるでしょう。

あるいは、「あなたが一生懸命なことはちゃんとわかっているよ」と言ってくれる未来の自分の存在を信じてみること。いずれにしても、渦中にある当事者とは別の視点から見つめ直すことが、目薬なのかもしれません。

ところで、未来のインストラクターはどうなっているでしょう？　科学技術の進歩によって、将来的にアサナマシンが誕生する日がくるかもしれません。「吸って」「吐いて」「右足を前にあげて」という音声ガイドにしたがって、生徒さんがマシーンを装着して練習するようになったりして……。ユーザーの年齢、柔軟性、動きの癖、血圧や脈拍といったデータを入力すれば、日々最適なプログラムを機械が用意してくれるというわけです。

では、ヨガの感覚的な部分に関しては、機械の出番はない？　答えはノーです。実は今、ダーラナ（集中）とディヤーナ（瞑想）の状態にあるときの意識をデータ化し、機械で再現する実験がはじまっています。ゴーグルをかけると、ダーラナとディヤーナそれぞれの状態を視覚化したビジョンがあらわれ誰でも疑似体験ができるのです（次頁図参照。動画・ウェブ・VR〈バーチャルリアリティ〉の制作会社の株式会社Vivace nextが、VR視聴から生まれる新しい脳の動きに注目し、脳力を高めるためのVRコンテンツを開発中。現在、臨床実験データを集めている）。ダーラナは、ぐっと対象に迫っていくようなビジョン。ディヤーナは、景色が丸ごと自分に迫ってくるようなビジョンが味わえます。

こんなふうにテクノロジーが発達していくなかで、これからのインストラクターには、人間しかできないこと、いえ、あなたにしかできないことがますます求められていくでしょう。

どんなに技術が発達しても、アナログ的な要素は消えません。最後に残るのは、生

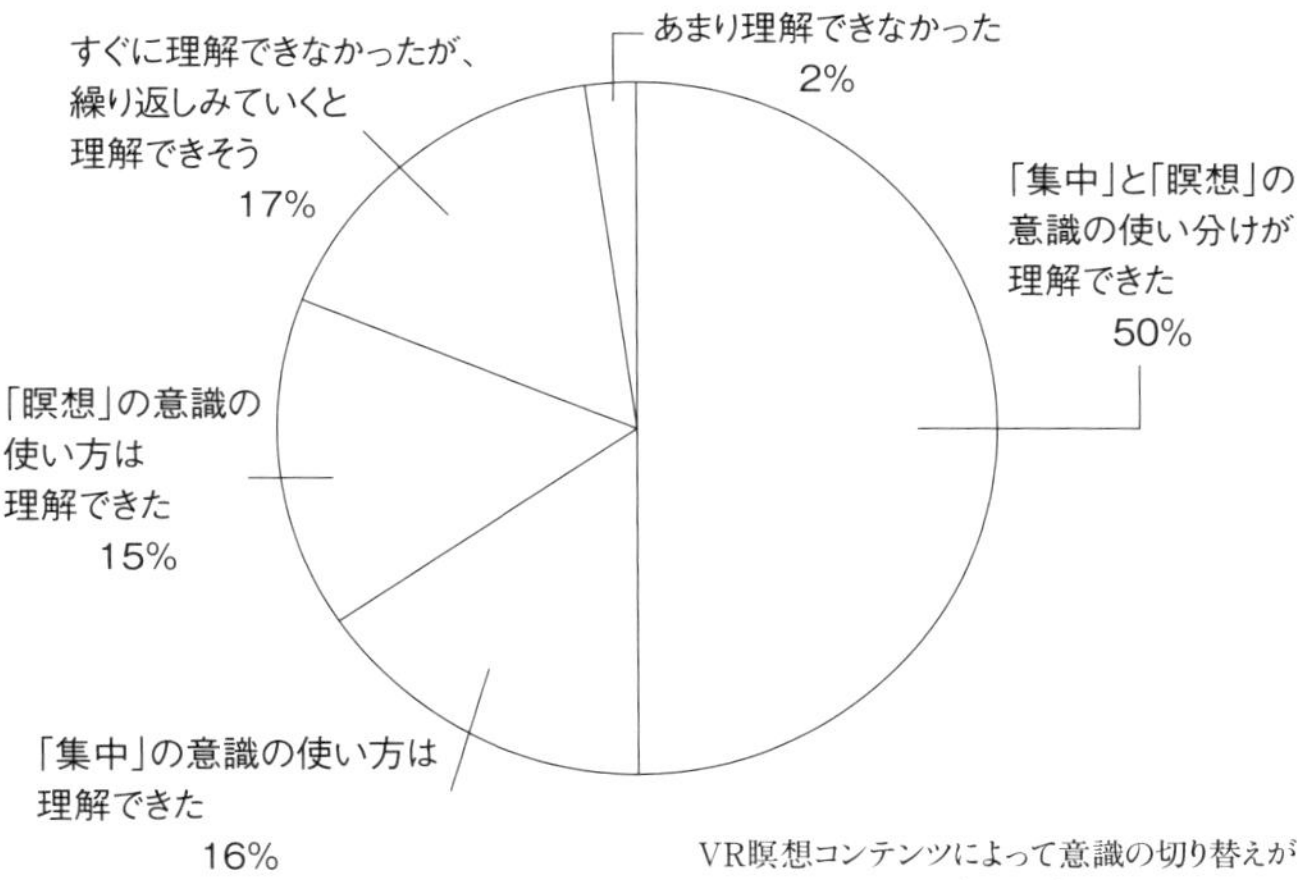

VR瞑想コンテンツによって意識の切り替えができたかどうかを調査したデータ
©vnvr by vivacenext

徒さんとインストラクターの思いをキャッチボールする領域なのかもしれませんね。日薬と目薬の話は、それを考えるヒントになるような気がします。

ヨガを実践する仲間として

一〇〇人いたら一〇〇人のヨガがあります。ですからインストラクターと生徒さんは、ともに自分だけのヨガの道を行く仲間です。

私は、できないことや知らないことを

聞かれたとき、堂々と「体験していないので、わかりません」と言えるインストラクターは、素敵だと思います。「わかりません」を繰り返していると、いつしか生徒さんに「何を聞いてもわからないんですね」と呆れられるかもしれませんね。そのときは、「はい。そのことだけはわかっています」と笑って返すことができたら、なお素敵です。そのうち生徒さんが「このあいだ質問したこと、調べてきました」と言って教えてくれるかもしれません。そうしたら、有り難くそれを吸収すればよいのです。

あなたの苦手なポーズを軽々とこなすような生徒さんがいても、自信をなくすことはありません。くよくよするより、はっきりとできないことを受け入れるほうが、生き方としては磨かれています。

純粋に生徒さんの能力に感じ入り、そこから得たものを自身にフィードバックできたら、それこそがヨガの恩恵です。できない現実とどう向き合うかが練習です。

どの地点に自分がいても、インストラクターは、そのときできるものしか教えることはできません。ですから、場合によっては、「私は、その系統のアサナがあまり得意ではないので、現時点ではうまく教えられません。得意なインストラクターがきっといるはずですから、習ってみたらどうでしょう？」と、ときには生徒さんにアドバイスすることがあっても、よいと私は思うのです。

「この人に頼ればすべてが解決する」と思わせてしまうのは危険です。ヨガには精神的な変化が伴いますが、インストラクターは教祖ではありません。マットから離れた時間の過ごし方も含めてヨガだとすれば、生徒さんがあなたよりも豊かなヨガライフを送っている可能性だってあります。「ヨガのために生き方を変えよう」ではなく、「生き方を見つめ直す方法としてヨガがある」と考えるほうが、理に適《かな》っています。

私自身、こうなりたいというゴールが見えないまま、アサナの練習をしてきました。「なぜこんなことを続けているんだろう？」という疑問すら持たず、ただやるものだからやるというだけの認識しかありませんでした。

「練習を重ねていくとこうなるのか」とわかったのは、ずいぶんあとになってからです。人生を変えたくてヨガをはじめたわけではありませんでしたが、ヨガによって結果的に、ストレスから解放され、人生が変わりました。ヨガと出会っていなかったら、たぶん私は今ここにいないでしょう。

かつてアメリカのヨガイベントで有名な女性インストラクターたちに会うと、手首に自分で傷つけた跡がある人が時々いました。みな、いろいろな人生経験を通過してマットの上に立っているのだなと感じました。

ヨガに出会ったことで今があるという人は、自分だけではなかったわけです。ヨガという道を行く仲間がここにいると思いました。

ヨガを教えている人は、自分が伝えるものこそがオリジナルだと、どうか自信を持ってください。臆せずいろいろなものを体験し、実践を重ねていけば、それがあなたのまぎれもない個性です。

「師匠がやれと言うことだけを一生懸命やる。絶対変えません」というのは、言うなればファミリーレストランの料理のようなもの。たまにはよいでしょうが、それしか食べたことがないなんてもったいないとは思いませんか？

生き方、実践をとおした発見、あなたなりの価値観があるヨガのほうが、断然味わい深いです。情報社会にあって「このままでいいの？」と不安になることも、しばしばあるでしょう。でも、「これが私なのだ、これでいいんだ」とどっしりと構えて、磨きをかけていけば、道はひらけます。

どうか、あなたのなかに未知なる広大な世界が広がっていることに気がついてください。結果ではなく、そこにいたる過程をワクワクしながら味わってみれば、どこまでも魅力的な明日が開けてくるはずです。

ヨガは「LIFEGUARD」です。ヨガという道を行くあなたに、私からこの言葉を心をこめて贈ります。

ガンジス川の源流にて

著者紹介

ケン・ハラクマ（Ken Harakuma）
東京都生まれ。日本大学文理学部卒業。1994年、日本にインターナショナルヨガセンター（IYC）を設立。日本のヨガ界の第一人者として、指導者の育成を含め業界を牽引し続けている。著書に『ヨガライフ――体と心が目覚める生き方』（春秋社）、『ヨガから始まる――心と体をひとつにする方法』（朝日出版社）、『ココロyoga――行雲流水、人生を変える言葉の贈り物』（セブン＆アイ出版）などがある。

公式サイト　http://www.iyc.jp/kenharakuma/schedule
インターナショナルヨガセンター　www.iyc.jp
アシュタンガヨガジャパン　www.ashtanga.jp

ヨガを伝える――すべての人によりよく生きる知恵を届ける

2017年12月20日　初版第1刷発行
2018年 9 月30日　　　第2刷発行

著者©＝ケン・ハラクマ
発行者＝澤畑吉和
発行所＝株式会社 春秋社
〒101-0021　東京都千代田区外神田2-18-6
電話（03）3255-9611（営業）・（03）3255-9614（編集）
振替　00180-6-24861
http://www.shunjusha.co.jp/
印刷所＝萩原印刷 株式会社
装　丁＝鎌内 文

ISBN 978-4-393-36542-7　C0011　　Printed in Japan
定価はカバー等に表示してあります

ケン・ハラクマ
ヨガライフ
体と心が目覚める生き方

日本のヨガの第一人者が、ポーズや呼吸法のみならず、すべての瞬間をピースフルに過ごすためのヨガのエッセンスを伝授する。感覚を磨いて自分を再発見するヒントが満載。　1700円

M・ボンド／椎名亜希子訳
感じる力でからだが変わる
新しい姿勢のルール

米国発のボディワーク・ロルフィングのメソッドを基に、体の機能（動作）に働きかけるエクササイズを、図版付で多数紹介。知覚を開くワークで、無理なく楽な姿勢が手に入る。　2300円

大塚邦明
眠りと体内時計を科学する

体内時計と睡眠には深い関係があった！　眠れない理由。高齢者や認知症患者が知っておくべき事。自然の力を生かして快眠する方法……。読んでためになるポピュラーサイエンス。　1700円

R・ダグラス・フィールズ／米津篤八・杉田真訳
激情回路
人はなぜ「キレる」のか

私たちの脳には暴力を引き起こすプログラムが組み込まれている。神経科学の権威が「9つのトリガー」を手がかりに激情の仕組みを解説。最新の研究成果をもとに脳の不思議に迫る。　2900円

水澤都加佐
〈見すてられ不安〉に悩んだら
実践！　ナラティヴ・セラピー

「あの人と別れたら生きられない」「空気を読みすぎて、へとへと」。その感情の正体とは？　カウンセラーが生きづらさを手放し新しい人生へと踏み出す方法を指南。ワークシート付！　1700円

▼価格は税別。